ELC

UN LÍDER A P

Gracias, mi amor, por abrir una vez más tu corazón y expresar de manera tan clara las experiencias buenas y las NO tan buenas que juntos hemos vivido; muchas de ellas con nuestros hijos en crecimiento. Doy gracias al Señor por la sabiduría que derramó sobre ti para guardar sus corazones, para que no se predispusieran contra el evangelio ni el llamado. Hoy gozamos de hijos y nietos comprometidos, que aman a plenitud el evangelio de Jesús. Creo con todo mi corazón que este libro, *Un líder a prueba de fuego*, será un instrumento muy valioso para bendecir e inyectar fe a quienes les hace falta creer que pueden llegar al final de la carrera. He disfrutado contigo esta aventura que apenas empieza... Te amo con todo mi corazón.

MILDRED MATOS

Leer este libro te va a desafiar a llevar tu liderazgo a otro nivel, pues su autor, mi amigo Rey Matos, siempre nos hace ver la vida desde otra óptica. En este libro encontrarás sabiduría, experiencia y una palabra que te va a inspirar como lo hizo conmigo. Estoy seguro que este libro será fuente de consulta en la formación de muchos líderes. Te agradará leer este extraordinario libro.

SIXTO PORRAS
Director Regional para Iberoamérica de Enfoque a la Familia

A mí me encantan los libros del pastor Rey Matos porque es un hombre transparente por completo y eso no solo nos conecta con el autor, sino que nos da esperanza: «Si Dios lo hizo con él, también lo va a hacer conmigo». Estoy seguro que el libro *Un líder a prueba de fuego* es un mensaje relevante para todos.

ANDRÉS CORSON
Pastor y fundador de la iglesia «El Lugar de Su presencia», Colombia

Hace muchos años que conozco a Rey Matos y puedo dar fe de su extraordinario despliegue de servicio a Dios y al prójimo, características vitales, como bien lo puntualiza en este material, para toda persona que aspira un liderazgo en la casa de Dios. Estoy plenamente convencido que *Un líder a prueba de fuego* pronto se convertirá en un recurso indispensable para la preparación de todo líder cristiano. En este libro Rey Matos vuelca la sabiduría y la experiencia vivida en cuarenta y seis años de pastorado. Al leerlo, te dará una experiencia única de sapiencia, o sabiduría, que te catapultará hacia ese liderazgo que aspiras.

Guillermo Aguayo
Autor, pastor de «La casa del Padre», en Perú,
y Director de «Salvemos a la familia»

Existen líderes que nacen y otros se hacen, y el pastor Rey Matos tiene experiencia formando a ambos. Las lecciones aprendidas en más de cuarenta y seis años de ministerio, le permiten mostrarnos lo que puede dar resultado o no en la formación de líderes. El respeto y admiración personal de sus hijos, y su propio desempeño como líder, demuestran la eficacia y relevancia de este mensaje. Hoy más que nunca necesitamos de hombres y mujeres que avancen liderando a la sociedad con fundamento y principios bíblicos.

Johanna Torres
Especialista de contenido para *CV Latin America*
y conductora de «Energía Total» para CVC La Voz

He leído muchos libros de autores conocidos por referencia, pero este autor es mi pastor. Lo he visto llorar y reír, lo he visto ser muy amado y luego despreciado, exaltado y traicionado, pero lo más impresionante es ver que en toda circunstancia el pastor Rey Matos vive lo que predica y su enseñanza trae fruto. Este libro te ayudará a aprender por cabeza ajena, a ver el peligro a tiempo y a desarrollar líderes con carácter que puedan tener éxito en la vida, empresa o ministerio.

Soy uno de esos líderes formados por Rey, su carácter me ha inspirado por más de veinte años. Ver toda esa sabiduría comprimida en este libro me inspira a creer en mejores tiempos y mayor impacto del liderazgo en las nuevas generaciones.

Héctor L. Blancovitch (Blanco)
Productor, manejador, corredor de inversiones y Pastor Ejecutivo del
Ministerio Cristiano Catacumba 5

Una de los temas que más me ha apasionado en los últimos años es el del liderazgo. Entender cómo a través de los diferentes desafíos que se nos presentan en la vida se forja el carácter de Cristo, nos exhorta a comprender y vivir una vida de servicio y entrega, que no todo líder llega a vivir. Conozco a mi hermano y amigo Rey Matos, un líder y guerrero lleno de una humildad y autoridad que pocas veces veo, su corazón es un tesoro lleno de una sabiduría que podrás descubrir en las palabras de este valioso libro.

Alex Campos
Cantautor, autor

En un tiempo donde se acrecienta la crisis en el liderazgo cristiano, llega el pastor Rey Matos con *Un líder a prueba de fuego*, una palabra inspiradora, directa, edificante, entendible y pertinente. Sé que te confrontará y te impulsará al cumplimiento profético sobre tu vida. Te dará recursos, consejos y experiencias de vida, que te ayudarán a terminar con gozo la encomienda de Dios para ti.

Rafael «Felo» Vázquez Urquía
Pastor General de IDDPMI Casa de Restauración
y Adoración, Lajas, Puerto Rico

Escuchar al pastor Rey Matos y leer sus libros es descubrir su corazón. Su trayectoria lo califica, pero su testimonio de transparencia e integridad le da autoridad para ilustrarle a esta generación el camino a seguir para honrar el llamado.

El pastor Rey nos desafía a que, como líderes y modelos de influencia, hagamos una reingeniería mental y a que nos autoevaluemos de manera objetiva. Su obra nos confronta con nuestra motivación y hace que nos preguntemos: «¿Por qué hago lo que hago?». Sin duda, el corazón de este gran hombre está enfocado en entregarnos principios eternos para que podamos desarrollar un ministerio exitoso. Lo que es más, para que vivamos a la altura del llamado que hemos recibido.

Gracias, pastor Rey, por ser quien eres y por sembrar con pasión. ¡Eres un regalo de Dios para esta generación!

Henry Báez
Pastor y fundador de Iglesia Roca Fuerte, San Germán, Puerto Rico

Al leer las páginas de este libro, me sentí como si tuviera al pastor Rey Matos frente a mí contándome, como solo puede hacerlo él, esas experiencias y verdades bíblicas, a la vez que me daba consejos muy prácticos. Se trata de esas cosas tan profundas y llenas de tanta sabiduría que muchos necesitamos escuchar o, en este caso, leer. Creo de todo corazón que *Un líder a prueba de fuego* será un referente para el liderazgo de hoy y para las generaciones emergentes.

Julissa
Salmista y autora

En *Un líder a prueba de fuego*, Rey analiza cómo en sus más de cuarenta y seis años en el ministerio se dio a la tarea de aprender lo que dice la Biblia acerca de los líderes. Esta obra es un manual para todo el que asume una posición de liderazgo o que aspira a convertirse en un líder trascendental. Ser un líder va a cambiar tu vida, lo quieras o no. Por lo tanto, este libro te otorga el beneficio de aprender de un hombre que es sincero respecto a su trayectoria. Además, Rey nos revela cómo Dios habló a su corazón, cómo quebrantó al hombre que era antes y cómo formó un hombre con un corazón conforme al suyo, de manera que continuara formando líderes conforme al corazón de Dios.

Lorraine Blancovitch
Directora de Mercadeo
Unilit

CÓMO SER UN LÍDER

UN LÍDER

DE TRASCENDENCIA

A PRUEBA

Y ÉXITO HASTA EL FINAL

DE FUEGO

DE LA CARRERA

REY MATOS

Unilit

Publicado por
Unilit
Medley, FL 33166

© 2019 Unilit
Primera edición: 2019

Edición: *Nancy Pineda*
Diseño de cubierta e interior: *Digitype Services, Miami FL*

Categoría: Iglesia y ministerio / Ayudas pastorales / Liderazgo
Category: Church & Ministry / Pastoral Help / Leadership

Producto: 495934
ISBN: 0-7899-2493-5 / 978-0-7899-2493-3

Impreso en Colombia
Printed in Colombia

PRÓLOGO

El liderazgo es un tema del que han escrito extensamente muchas personas que quizá fueran muy conocedoras y muy respetadas. Sin embargo, con *Un líder a prueba de fuego*, el pastor Rey Matos no solo nos habla de su experiencia personal, sino también nos revela su gran conocimiento adquirido por más de cuarenta y seis años en el liderazgo. De una manera real y humana, presenta la condición y responsabilidad del líder, así como sus quebrantos y desafíos. Tan es así, que le pidió al Señor que lo «capacitara para soportar todas las aflicciones que fueran necesarias», a fin de desarrollarse «como un buen soldado de Jesucristo».

En esta obra, Matos desmitifica al líder y define de manera minuciosa sus cualidades, carácter y responsabilidades. Incluso, con más detalles aún, nos proporciona los recursos necesarios para lograr ser *Un líder a prueba de fuego*.

Como presidente de Editorial Unilit y líder, he leído innumerables libros sobre el liderazgo en los últimos doce años. Muchos fueron buenos, algunos incluso geniales, pero el pastor Rey habla con criterio, ya que tiene una larga experiencia en el liderazgo y ha aplicado la verdad bíblica a su propia vida. Este libro es un recurso poderoso y único que todos deberían leer sin importar su medio social. No tengo duda que este trabajo original y visionario sobre este tema revolucionará la vida y el carácter de cada líder.

El tema del liderazgo no se limita a la iglesia y no podemos analizar a un líder basado en la persona que vemos dentro de las cuatro paredes de la iglesia. El alcance de este libro va más allá de esto y nos muestra lo que debe ser un líder en muchas otras esferas de la vida, tales como el matrimonio, la familia, la crianza de los hijos, el entorno social, el discipulado y más. Esta cita del pastor Rey lo resume muy bien:

> «Lo que el líder es en la intimidad de su hogar y familia, esa es su realidad, no lo que ven los miembros de la iglesia».

Esto significa que si un hombre o una mujer no pueden guiar a su familia con amabilidad y amor sacrificial, no se les debe dar el privilegio y la responsabilidad del liderazgo en la iglesia. Aquí es donde *Un líder a prueba de fuego* nos transmite uno de sus propósitos principales: ayudar a los líderes a alcanzar la madurez para trascender y alcanzar el estándar que Dios ha establecido para nosotros.

Eso no es todo, pues continúa aportándoles recursos a todos los hombres y mujeres que desean extender el Reino de Dios hasta los confines de la tierra con un liderazgo a la manera de Dios. Por lo tanto, *Un líder a prueba de fuego* nos guía a través de las características de un líder, los desafíos que afrontamos, la importancia de nuestra concentración, servicio, prioridades, etc.

Agradezco al pastor Rey por el increíble trabajo que realizó al contar sus experiencias en el desarrollo de un liderazgo excepcional, mostrándonos los altibajos que un líder cristiano afronta cuando Dios lo llama a liderar. Inspirado de veras por Dios y un gran líder.

Timothy Ecklebarger
Presidente
Spanish House Ministries, Inc.

CONTENIDO

INTRODUCCIÓN

Tengo cuarenta y seis años en el pastorado. Dios me llamó a la tierna edad de los dieciséis años y recuerdo que mi pasión por servirle se convirtió en mi razón de vivir. Quería que todos conocieran el maravilloso amor de Dios y se prepararan para el inminente regreso de Jesucristo a la Tierra. Después de entender que la mies era mucha y los obreros pocos, con lágrimas le pedía a Dios que me permitiera ser profeta a las naciones y me concediera llevar su Palabra a muchos lugares.

El Señor comenzó a responderme. Me acuerdo de que lo primero que me dijo fue: «Si quieres que te use, estudia mi Palabra». Dios comenzó a retarme a leer y escudriñar las Escrituras. Así que me di a la tarea de leer, pero el Espíritu Santo insistía en que la estudiara minuciosamente. Profetas desconocidos se me acercaban para confirmarme esa palabra de parte de Dios.

Recuerdo que me acerqué a una iglesia alrededor del mediodía, donde me dijeron que había un grupo de chicas universitarias orando, entre las cuales estaba mi novia Mildred. Me asomé por la puerta y en el acto una chica salió profetizando y señalando hacia la puerta. Con los ojos cerrados, me dijo: «Te he dicho que escudriñes mi Palabra, no voy a comenzar a usarte hasta que la hayas estudiado». ¡Me quedé en estado de *shock*! No me iba a esperar que Dios volviera a decírmelo, pues parecía como que había prisa.

Cada momento disponible entre mis estudios universitarios, leía y consultaba los libros de teología. Todo el proceso fue autodidacta. Comienzo a experimentar que cuando les daba estudios bíblicos a los recién convertidos (aunque yo era uno más), que la Palabra de Dios y sus consejos fluían con una sabiduría que aun me asombraba a mí. Muchos hermanos empezaron a acercarse para pedir consejos y a gustar de mis enseñanzas.

Al año de convertido, los pastores me ungieron como pastor asistente y anciano de la iglesia.

Cuatro años más tarde, Mildred y yo nos casamos y nos enviaron a abrir obras, o plantar iglesias, en los lugares donde me llevara mi trabajo profesional. Quiere decir que a los veintiún años comenzamos a plantar iglesias y asistir a iglesias en necesidad.

Ya son cuarenta y seis años de funciones pastorales, donde hemos servido en seis iglesias locales de nuestro ministerio, en los cuales servimos como presidente de la denominación y miembro de la Junta de Directores. Luego, comenzamos a predicar en la radio el mensaje de la familia, y las puertas de miles de iglesias en Puerto Rico y en toda Iberoamérica se han abierto para nuestro ministerio.

Lo que quiero decir con esto es que he estado expuesto a miles de líderes. A través de tantos años, he visto sucumbir a líderes llenos de fe; he visto sucumbir a líderes llenos de amor por la gente; he visto sucumbir a cientos de líderes apasionados por la obra de Dios, obreros incansables; he visto sucumbir a gente radical para Cristo, dispuesta a todo, aun a dar su vida por Cristo. Sin embargo, a lo largo del camino, los he visto morir como líderes y abandonar el arado.

Son muy pocos los líderes que se levantaron conmigo que todavía perseveran llenos del amor de Dios, disfrutando del llamado, dando frutos, tanto ellos, como sus generaciones. Son tan pocos, que los puedo contar con los dedos de una mano. La pregunta obligada es: ¿Qué les pasó? ¿Por qué toda esa pasión no fue suficiente para mantenerlos con las manos en el arado? ¿Qué los hizo sucumbir después de tantas victorias vividas en el evangelio?

Créanme, todas esas preguntas me han dado vueltas una vez tras otra; sobre todo, cuando estoy orando. ¡La Iglesia de Cristo de los últimos tiempos necesita líderes a prueba de fuego! He llegado a pensar que si líderes más poderosos que yo, los cuales se ganaron mi admiración, sucumbieron, ¿qué me exime a mí de que me suceda lo mismo? Sé que tengo que cuidarme para evitar la desgracia de haber comenzado como héroe en Cristo y que, al final del tiempo, Satanás me humille a tal punto que termine siendo un fracasado y un transgresor de mi propio mensaje.

Después de tanto análisis y reflexión en oración, he descubierto varias grandes verdades sobre el liderazgo cristiano. Entre otras cosas, reconocí que la mayoría de los que renuncian al «arado» lo hacen por sentirse traicionados, defraudados, malagradecidos; incluso, por falta de reconocimiento, cansancio, celos y envidia hacia otros colegas, por crisis dentro de la familia (sobre todo matrimoniales), etc., etc.

Luego de descubrir esto, le pedí al Señor que me capacitara para soportar todas las aflicciones que fueran necesarias, a fin de desarrollarme como un buen soldado de Jesucristo que manejara y usara, con mucha sabiduría, la espada de la verdad, la Palabra de Dios. ¡Para qué le pedí esto, señores! Me ha caído la «macacoa»* (*ja, ja, ja, ja!* Perdonen que me ría). Llegó un punto en el que le dije al Señor: «¡¡¡Padre!!! ¿Por qué me castigas así? ¿Qué he hecho yo para merecer tanta aflicción de gente que está en mi contra, que me muestra su desagrado?». Se trataba de amigos que me traicionaron, personas que estuvieron fielmente conmigo, que me abandonaron. Grupos de protesta que se levantaban para resistir la dirección que me estaba dando Dios, y como no lograban manipularme, se iban de la iglesia o pedían mi renuncia. ¡Murmuración! ¡Calumnias!

Todos estos, por no contar a los que me defraudaron, pues en el camino se descubrió que tenían una doble vida. Señores, he tenido una vida ministerial de mucho quebranto, dolor, tristezas y depresiones sin fin.

Sé que pude haber sido uno más de los que «tiran la toalla» para regresar a mi vieja manera de ganarme la vida, desconectado por completo de las decepciones que ofrece la iglesia de Jesucristo. Sin embargo, en el proceso, Dios me habló muchas cosas poderosas que se clavaron en mi alma y que jamás he olvidado. Por ejemplo, Él respondió a mi pregunta de por qué me castigaba con tanta aflicción, diciéndome que por muchos años yo estaría solo, pasaría por muchas pruebas y que no tendría a nadie que me ayudara ni me tendiera la mano para fortalecerme. Por lo tanto, debía aprender a depender por completo de Él para poder ser un líder de trascendencia y éxito, hasta el final de la carrera.

Así que fui a las Escrituras y comencé a ver la vida ministerial de los más grandes hombres de Dios. Comprobé cómo les desafiaron su llamado y combatieron su liderazgo; vi cuántos les abandonaron y les traicionaron, y cuántas veces el pueblo respondió carnalmente cuando lo habían sacrificado y entregado todo por servirle a esa misma gente ingrata e incrédula. Tal parece que esos grandes de la Galería de la Fe de las Escrituras perdían su tiempo sirviéndole a gente que hasta le provocarían a pecar contra Dios por haber ministrado con ligereza debido a la ira, como en el caso de Moisés.

Vayamos a los profetas que perdieron su vida a manos de los mismos a quienes Dios los enviaba a profetizar. ¿Y qué de David, un hombre conforme al corazón de Dios, que sufrió tanta contradicción de gente que amó profundamente, comenzando con Saúl y su propia familia? ¿Y Pablo, el más rechazado, juzgado y resistido de todos los apóstoles del Nuevo Testamento? Yo quería pronunciar las mismas palabras de Pablo cuando dijo: «Aunque amándoos más, sea amado menos» (2 Corintios 12:15). En cambio, el dolor era tanto, y las acciones de gente tan entendida en las Escrituras actuando como un político carnal cualquiera, me cegaban el entendimiento y mi capacidad para bendecirla.

Esas palabras finales de Jesús, cuando dijo: «Padre, perdónalos, porque no saben lo que hacen» (Lucas 23:34), cobraron en mí un significado extraordinario. En ese momento supe que esto no se analiza, no se tiene que entender, esto solo tiene un camino para la sobrevivencia; y ese camino es el siguiente:

> *Sobre toda cosa guardada, guarda tu corazón; porque de él mana la vida.*
>
> Proverbios 4:23

Por lo tanto, hay que orar por fe y bendecir por fe a todos nuestros detractores, sin entendimiento, «como los locos». Esa es la única manera de mantener nuestros corazones puros y guardarlos de manera irreprensible hasta la venida del Señor.

Siempre he querido tener un corazón conforme al corazón de Dios. Entonces, descubrí que esto solo se logra pagando un alto precio: bendiciendo a nuestros enemigos hasta la muerte y cubriendo en amor a todos los que no nos entienden; a todos los que nos critican y murmuran contra nosotros porque no entienden el llamado particular que Dios tiene con uno.

De seguro que son personas de Dios que, a su tiempo, se darán cuenta y sabrán que se equivocaron. Entonces, al igual que José, las recibiremos sin reproches ni condenaciones, sino que con los brazos abiertos las haremos partícipes del «botín de guerra» que hemos ganado para la gloria de Dios. Solo de esa manera mantendremos al Espíritu Santo sacándonos de cada una de nuestras aflicciones y sintiendo que vamos literalmente de gloria en gloria.

Por favor, lean este libro en oración. Sé que Dios lo va a usar para fortalecer a muchos líderes en su caminar. Ofrecerá recursos bíblicos de sobrevivencia, y levantará brazos cansados de muchos que ya llevan un gran tiempo resistiendo. Mi deseo es que Dios los ilumine y les abra los ojos para entender esta sabiduría. Así que clamo a Dios para que a ti, también, te dé un corazón conforme al de Dios.

¡Un gran abrazo!

Rey Matos

---

* *Macacoa*: En Puerto Rico, se define como «mala suerte» o «tiempo de desgracia».

Capítulo 1

SEMBLANZA DEL LÍDER

A través de la historia, Dios siempre ha escogido a líderes (el liderazgo) que han desempeñado un papel clave y determinante en el destino del pueblo de Dios, y hasta en las naciones (los seres humanos). Hallazgos que documentan la existencia de civilizaciones muy antiguas, presentan muchas pruebas sobre el liderazgo organizativo en las sociedades y del peso de los líderes religiosos en las decisiones importantes en cada época. De modo que los líderes han sido una figura importante a través de los tiempos. (El liderazgo tomó aún más fuerza a lo largo de la historia).

En la antigüedad, los mensajes de parte de Dios y, más tarde el evangelio, los transmitían hombres de Dios escogidos en cada lugar del mundo conocido en esa época. De la boca de un líder saldría toda la enseñanza que guiaría a un pueblo a conocer el nuevo pacto de amor y gracia. Sin embargo, el mensaje más importante ha sido el que se transmitía a través del ejemplo. Ese es el tipo de liderazgo del que quiero hablar en este libro: del líder que trasciende y tiene éxito hasta el final de la carrera, del que modela todo lo que predica.

En mis años de ministerio he podido comprender el inmenso compromiso que significa guiar a otros hacia el conocimiento de

Dios, hacia esa relación personal con Jesús que transforma sus vidas y, paralelamente, servir de influencia a la sociedad en general. Quiero hablar de líderes que son agentes de sanidad para la tierra, que son como voces «solitarias» que hacen camino al andar en medio del desierto, que a la larga logran que reverdezca en el nombre de Jesús.

El líder por excelencia convoca seguidores con sus acciones, con su ejemplo, con su testimonio de vida. Aun así, existe un compromiso mayor que todo líder debe entender, y es la formación de otros líderes para poder cumplir a cabalidad con la Gran Comisión, a fin de que el evangelio de la gracia se difunda de forma inalterada por generaciones.

Para establecer la semblanza de un líder por excelencia voy a tomar el ejemplo de la vida de Pablo, un gran líder, escogido por nuestro Señor Jesucristo para llevar el mensaje del evangelio a otros pueblos, más allá de los judíos.

La semblanza de un líder escogido para grandes propósitos se ve reflejada en la vida de este apóstol y también en la forma en que instruye a sus discípulos para ejercer el liderazgo. Por su impacto dentro del ministerio, lo considero el más grande de todos los apóstoles, pues se reprodujo en gente maravillosa. Por ejemplo, Timoteo, a quien le escribe una carta que deseo analizar, porque contiene instrucciones muy claras sobre la formación de un líder y el comportamiento que debe seguir en todos los aspectos de su vida.

En esa primera carta que Pablo le escribe a Timoteo, le pide que se asegure de que todos los líderes a quienes ordenara, que a su vez Timoteo sería el encargado de formar para la difusión del evangelio, tuvieran características específicas y que cumplieran con algunos requisitos indispensables. Timoteo sería el encargado de formarlos para la difusión del evangelio.

Tengamos en cuenta que Pablo fue un hombre guiado por el Espíritu Santo de Dios, tanto para hablar y hacerle frente a las pruebas más duras de su ministerio, como para escribir las epístolas que hoy nos muestran el corazón de Dios para nosotros, los gentiles, a quienes Dios consideró parte de su rebaño, a quienes por gracia nos hizo hijos suyos y herederos de todas sus promesas. Quiere decir que lo que Pablo escribió en esa primera carta, tenemos que respetarlo, porque lo que le revela a Timoteo es el corazón de Dios, su deseo de que la iglesia se edifique y se mantenga saludable, madura, que tenga la capacidad de dejar un legado y que, a través de las generaciones, siga siendo fuerte y relevante a la sociedad de cada tiempo. Por lo tanto, cuando Pablo detalla esta lista de requisitos, Dios lo usa para que las iglesias de todos los tiempos utilicen este modelo y se aseguren de que esta sea la capacitación de nuestros líderes.

CARACTERÍSTICAS IMPRESCINDIBLES DE UN LÍDER

Una de las características que a menudo se recomienda para que una persona pueda estar en el liderazgo es su formación académica. Por lo general, se requiere un prontuario, y que haya egresado de un seminario.

Valoro el deseo de los hombres y mujeres de Dios de ser usados para su obra. Aplaudo a todos los que tienen ese propósito y que deciden estudiar y prepararse para ese fin. No obstante, si vamos a los requisitos que le inspiró el Espíritu Santo a Pablo a exigir en esa primera carta a Timoteo, en su capítulo 3, descubriremos que esto no se enseña en los institutos ni en las universidades de formación de ministros:

Palabra fiel: Si alguno anhela obispado, buena obra desea. Pero es necesario que el obispo sea irreprensible, marido de una sola mujer, sobrio, prudente, decoroso, hospedador, apto para enseñar; no dado al vino, no pendenciero, no codicioso de ganancias deshonestas, sino amable, apacible, no avaro; que gobierne bien su casa, que tenga a sus hijos en sujeción con toda honestidad (pues el que no sabe gobernar su propia casa, ¿cómo cuidará de la iglesia de Dios?); no un neófito, no sea que envaneciéndose caiga en la condenación del diablo. También es necesario que tenga buen testimonio de los de afuera, para que no caiga en descrédito y en lazo del diablo.

1 Timoteo 3:1-7

¿Por qué los prontuarios que describen los cursos que se tomarán durante toda la jornada en los institutos no contienen esta lista de cursos mínimos de 1 Timoteo? El prontuario de Pablo se ha relegado por otros con énfasis en idiomas bíblicos, en historia, en profecías, en pura teología, en hermenéutica, etc., pero carece de lo más importante.

En esta carta, Pablo define las características más importantes que deben reunir los líderes de todos los tiempos. Comienza diciendo:

Palabra fiel: Si alguno anhela obispado, buena obra desea (v. 1)

«Palabra fiel» significa que es una Palabra confiable. Alguien que es fiel es previsible. Tú puedes descansar en la seguridad de que lo que ordenaste se va a cumplir, porque esa persona es fiel. Puedes descansar en que va a hacer lo que es adecuado.

En este caso, se refiere a que la Palabra es fiel, que se va a cumplir. Significa que pueden pasar las temporadas, pueden pasar eras, generaciones de líderes y no importa en qué etapa de la vida de la iglesia estemos, hasta el último día antes de la venida de Cristo, ¡esto es palabra fiel! En pocas palabras, el apóstol le advierte a Timoteo que la Palabra que le está dando es una que trasciende a los tiempos, que no pierde vigencia. Esto nos indica que se trata de una palabra que se tiene que mantener firme, sin importar que la cultura o las mentalidades de las personas cambien con el tiempo. Algo que es fiel, según esta definición, no está sujeto a interpretación. Esto no es algo específico ni para los modernos, ni para los anticuados; estamos hablando de una Palabra que es exacta y trasciende, así como está escrita, de modo que hay que respetarla y cumplirla. Esta Palabra contiene las características propicias de nuestros líderes.

1. Íntegro

Cuando una persona es íntegra, se dice que es recta, proba, intachable, lo cual se ajusta muy bien a lo que Pablo enseña con relación a la característica de «irreprensible»:

Pero es necesario que el obispo sea irreprensible, marido de una sola mujer, sobrio, prudente, decoroso, hospedador, apto para enseñar (v. 2).

La definición que el *Diccionario de la lengua española* da sobre la palabra «irreprensible» es sencilla: «Que no merece represión». Otras palabras sinónimas serían: «irreprochable, intachable, perfecto».

En esta característica vemos el alto nivel de exigencia que expresa el apóstol Pablo. Por supuesto, ningún ser humano es perfecto, pero esta instrucción nos muestra que la conducta del líder debe inclinarse a lo que es apropiado de manera que sea evidente a los ojos de los demás. De modo que estas instrucciones no son sencillas. Elevan el compromiso del líder a un nivel bastante alto y separa al líder natural del que se forma para este papel.

Existen personas que nacen con habilidades, dones y características de líder, y hay quienes se van formando en un proceso. Podemos ver a niños pequeños a quienes los otros niñitos siguen hasta en los juegos. Hay un don de Dios que reposa en hombres y mujeres para el liderazgo. Es importante reconocerlo, puesto que la mayoría de las veces este don implica un llamado de Dios. En cambio, la formación de aspectos tan importantes como el carácter, la disciplina y la consagración, que vienen de una genuina relación con Dios en la que rendimos todo lo que impide que nos entreguemos a nuestro llamado, es algo que juega un papel muy importante para desarrollar un liderazgo auténtico y eficaz. Más adelante discutiremos este aspecto.

2. Auténtico

Volvamos al inicio de esta carta de Pablo a Timoteo:

Si alguno anhela obispado, buena obra desea (v. 1).

Es necesario que el líder ore, diezme y ayune, pero a quienes Juan el Bautista llamó *generación de víboras* hacían todo eso. Aquí, en cambio, se habla de ser irreprensible. Pablo no va a permitir que tú y yo interpretemos lo que es ser irreprensible, porque puedo darle a

Dios el diezmo de todo lo que gano, puedo estar dos horas de rodillas, ser fiel congregándome y no necesariamente esté cumpliendo con la voluntad de Dios expresada en esta Palabra. Lo que el líder es en la intimidad de su hogar y familia, esa es su realidad, no lo que ven los miembros de la iglesia.

Me parece muy extraño que en los seminarios e institutos de formación pastoral se tengan estudios de Antiguo Testamento, Antropología, Apologética, Escatología, Historia de la Iglesia, pero no incluyan los requisitos que Pablo le dio a Timoteo.

Hubiera esperado encontrar esta lista de requisitos en los prontuarios de estos seminario de pastores, pero le han dado más importancia al conocimiento de los Evangelios Sinópticos, las cartas Paulinas y otras cosas así por el estilo. Pablo, dirigido por el Espíritu Santo, expresa en primer lugar que el líder debe ser «irreprensible».

Para dar inicio a este perfil de irreprochable, Pablo comienza a hacer especificaciones; y me alegra muchísimo que lo hiciera, pues nuestra religiosidad puede interpretarlo de tantas formas diferentes que quizás nos hubiéramos ido por la tangente. Por ejemplo, especifica que el líder debe ser marido de una sola mujer. Pablo le está diciendo a Timoteo que se asegure de que sean buenos esposos, buenas esposas.

Antes de seguir, debemos aclarar que esto no tiene nada que ver con lo que sucediera en la vida de las personas antes de conocer a Jesús, porque cuando vamos a Cristo, somos nuevas criaturas.

Pues bien, en Cristo, el líder hombre debe ser marido de una sola mujer, y si es mujer, debe ser esposa de un solo hombre. En la hermenéutica, que es el arte o teoría de interpretar textos, siempre se debe tener en cuenta el contexto. Aunque la Biblia se interpreta a sí misma, ya por el contexto me insinúa que los requisitos más importantes en cuanto a los frutos del líder se refieren, no se van a medir en la iglesia, sino en el hogar. En otras palabras, lo que Pablo dice es lo siguiente: «Tenemos que procurar que a los líderes que nombremos no solo los conozcamos e investiguemos cómo son fuera de la iglesia, sino cómo son en casa en primer lugar».

En mi caso, les digo a mis líderes: «Te guste o no, nos tenemos que meter en tu vida. Porque si la Biblia me exige que me asegure que seas un buen esposo (o una buena esposa), ¡necesito preguntar!».

Una vez tuve a un líder extraordinario, no solo con grandes capacidades y con un don de liderazgo excepcional, sino que tenía una visión linda de plantar iglesias. Me causaba gran satisfacción tenerlo conmigo, porque era fiel, buen amigo y discípulo. En fin, tenía las mejores calificaciones. Era lo que llamo un AAA, como dirían por ahí.

Un día, los invité a él y a su esposa a casa y, luego de la cena, le dije: «Pastor, creo que en tres meses podemos anunciar el nacimiento de una nueva iglesia y te vamos a apoyar para enviarte con nuestra bendición». Con estas palabras, le informé que se ordenaría para plantar una iglesia hija, una gran responsabilidad.

Entonces, antes de tomar esa decisión, cambié la mirada hacia su esposa, y le dije: «Quiero leer contigo esta porción de Timoteo y que me digas si tu marido es digno de ser ordenado para este propósito». Cuando terminamos, le dije: «Te hago responsable a ti de decir la verdad y nada más que la verdad delante de Dios. Contesta: ¿Cumple él con estos requisitos para ser ordenado?». Con lágrimas en sus ojos, me respondió: «Pastor, por favor, no lo ordene».

¡Yo mismo no lo podía creer! Si no lo hubiera confrontado con este pasaje de la carta a Timoteo, lo hubiera ordenado. Lo que veía de él, lo acreditaba, pero nadie conoce mejor a un varón que su esposa. Por lo general, las esposas respaldan a sus esposos para poder tener un ministerio y un liderazgo, aunque tengan que esconder sus faltas, pero eso es irresponsable. En el caso de esta dama, fue sincera conmigo y delante de Dios.

Recuerdo la cara de espanto que puso él. Le advertí que no se atreviera a reprocharle nada a su esposa ni que tomara represalias con actitudes de rechazo, etc., sino que aceptara esto con mucha reflexión. Que escuchara a su esposa y que hiciera todas las enmiendas que fueran necesarias hasta que su esposa se sintiera satisfecha. Sé que esto es un poco riesgoso, porque hay mujeres muy exigentes e insaciables, pero yo sabía y confiaba en que Dios iba a tomar el control, pues honrábamos la Palabra fiel.

Pasados unos meses, su esposa me llamó para informarme que su marido estaba listo para ser ordenado. Que la experiencia de esa cena en mi casa transformó a su marido. Ahora, el pastor amado y respetado en la iglesia, también era respetado y amado en su casa por su esposa y sus hijos.

En otra ocasión, recuerdo que llegó el tiempo de ordenar a otro candidato al ministerio pastoral. En esta oportunidad, era más sensitivo, porque además de ser ordenado pastor, también se iba a incorporar al equipo de Ancianos Gobernantes de nuestra iglesia. Era darle demasiada autoridad a un líder. Así que teníamos que estar seguros que fuera de confiar y que sus frutos como líder en la iglesia fueran igual a los de su casa. Decidí invitar a toda su familia a una cena, pero uno de sus hijos estaba apartado. Me informaron que iban a ir todos menos ese hijo, ya que su opinión sobre su padre podría estar viciada por su rebeldía; a lo cual les respondí: «Todo lo contrario, su opinión es la más importante».

Cuando llegó el momento de comenzar a repasar uno por uno qué opinaban sobre la ordenación, dejé al hijo para el final. Para sorpresa de todos, este declaró que le sorprendió muchísimo que le invitaran a la cena, porque sabía el propósito, pero que se sentía muy honrado que aun estando apartado, consideraran su opinión. Que su papá había cambiado muchísimo, que reconocía que se había convertido en un hombre de Dios, que había enmendado mucho su forma de tratar a su mamá y que creía que era digno de ser ordenado pastor. Todos lloramos de la emoción. Hoy en día, este pastor es una pieza clave en nuestro equipo. Esta experiencia nos muestra que los pastores generales de las iglesias deben saber quiénes son de veras sus líderes.

3. Marido de una sola mujer
Sigamos estudiando estas características que Pablo considera las más importantes para un líder:

Irreprensible, marido de una sola mujer, sobrio (v. 2).

El equilibrio en el matrimonio y el orden en la casa le otorgan al líder la autoridad para guiar a una congregación, así que debe ser «marido de una sola mujer». Por otro lado, el líder que no tiene un equilibrio en su matrimonio, no tiene un piso emocional seguro desde el cual pueda asumir esa gran responsabilidad.

En la epístola que tomamos como modelo, Pablo también le dice a Timoteo que el líder debe ser fiel y sobrio. Una persona sobria es alguien que no es de irse a los extremos, sino que es bastante estable. De nuevo, ¿dónde se debe medir la sobriedad? En primer lugar, en su casa.

No solo debemos preguntárselo a las esposas, sino también a los hijos. A veces, las mujeres mienten con tal de respaldar incondicionalmente a sus maridos, o por no buscarse un problema con ellos. La ventaja de entrevistar a los hijos es que no mienten. Son transparentes, muy sinceros y honestos. Veamos las definiciones que el *Diccionario de la lengua española* da acerca de la palabra «sobrio»:

- Templado, moderado.
- Que carece de adornos superfluos.
- Dicho de una persona: Que no está borracha.

El líder debe llevar y propiciar un equilibrio en su casa, así como tener temple y fortaleza que produzca seguridad en los suyos. Carecer de adornos superfluos tiene que ver con su vestimenta, pero también con su personalidad. Habla de un carácter serio, no escandaloso. Se dice que una persona es «sobria» cuando no está bajo los efectos del alcohol, pues define a un ser humano que actúa en sus cabales.

4. Prudente y decoroso

La lista de las características sigue, y como dije antes, todos estos requisitos deben medirse también desde la casa:

Prudente, decoroso (v. 2).

El líder debe ser «prudente». Una persona prudente actúa con cautela y moderación, o templanza, es sensata y tiene buen juicio. En el cristianismo, la «prudencia» es una de las cuatro virtudes cardinales que nos permiten discernir y distinguir lo que es bueno o malo, a fin de seguir lo primero y huir de lo segundo.

En la Biblia se menciona muchas veces la palabra «prudencia». Incluso, por estar relacionada con la integridad de ánimo y bondad de vida, nos protege literalmente de muchos peligros. La puesta en práctica de la prudencia ayuda a conservar una amistad, mientras que si se carece de la misma, a menudo se provoca el rechazo de las personas. En nuestra lista de amigos, todos tenemos a un imprudente que habla sin pensar mucho y es capaz de responder lo que no le preguntan. A veces, podemos hacer chistes de esa persona, pero lo cierto es que la imprudencia extrema puede también ser muy peligrosa.

El líder debe ser prudente, a fin de lidiar con asuntos complicados dentro y fuera de la iglesia, así como para aconsejar a personas en crisis, tomar decisiones o hablar de distintos temas desde el púlpito. La prudencia como virtud es esencial para un buen líder.

Por otro lado, el apóstol menciona el «decoro», que va de la mano con la prudencia. Una persona decorosa es alguien que se comporta de manera adecuada y respetuosa, según sea la situación. El decoro también es sinónimo de honestidad y recato. Estas características hacen que un líder se gane el respeto y eso es, en esencia, muy importante.

Aun cuando nos referimos a estas virtudes del carácter de un líder, ¿dónde se conoce en profundidad la verdad de lo que somos? En casa, ¿cierto? Bueno, de todos modos, la ley de la hermenéutica nos enseña que si Pablo comenzó a enumerar los frutos de carácter de un candidato al ministerio en el contexto de la familia («marido de una sola mujer»), es porque el resto de esas características, como la prudencia y el decoro, se evaluarán en ese mismo contexto, el hogar.

5. Hospedador

El apóstol Pablo le dice a Timoteo que el líder debe ser hospedador. De nuevo, entendamos que las personas muestran su disciplina personal en la administración de su casa, desde mantenerla ordenada hasta su generosidad para recibir a sus discípulos y hermanos.

Tengo anécdotas de algunas visitas «sin avisar» a mis discípulos. Sobre todo, para las mujeres es siempre más importante que las personas encuentren su casa limpia y ordenada, de modo que en algunas oportunidades me han pedido unos minutos antes de dejarme entrar.

Visito sin avisar a mis líderes, porque los buenos ministros de Dios no tienen nada que ocultar, son transparentes. El ser hospedador y buen anfitrión requiere un orden en su casa que le permita recibir hasta sin aviso, a alguien que lo necesita. Un buen líder debe ser capaz de sacrificar un poco su privacidad si la situación lo requiere, a fin de atender una emergencia o alojar a alguien que se encuentre en una situación apremiante. Por supuesto, el mismo orden nos exige que se le busque una solución a estas situaciones, de modo que no afecten a la familia del líder. Entonces, cuando sea necesario, debe tener abiertas las puertas de su casa.

El orden y limpieza de nuestro ambiente de convivencia es un reflejo de nuestra condición interna, espiritual y emocional. Por lo tanto, es bueno conocer esa condición de vida familiar cotidiana.

6. Competente para la enseñanza

En el mismo pasaje que venimos hablando, Pablo le dice a Timoteo que el líder debe ser:

Apto para enseñar (v. 2)

Un líder debe tener el don de la enseñanza, pues es su función principal. Aun así, ¿dónde tienen que ser aptos para enseñar? ¡En su casa! Si no puedes tener a tus hijos como discípulos, ¿cómo vas a tener discípulos ajenos? El liderazgo en nuestro hogar merece un capítulo entero en este libro. No obstante, quiero concentrarme en esta primera parte de las instrucciones de Pablo a Timoteo.

El don de la enseñanza debe estar presente tanto en la habilidad del líder para guiar a sus alumnos como para enseñar con su ejemplo. Hay estudios que demuestran que nuestros hijos imitan nuestro comportamiento. Por eso es que nuestra credibilidad tiene mucho más que ver con nuestras acciones que con nuestras palabras. Así que el líder debe enseñar con su ejemplo, mostrando de esa manera el carácter de Cristo en su día a día.

En nuestros hogares, nuestra comunicación con los hijos a veces se reduce a instrucciones y regaños. Les damos tantas instrucciones sobre lo que quizá ya sepan que deben hacer, ya sea en su rutina en casa como fuera del hogar, que se aturden. Debemos dedicar tiempo para crear estrategias que nos ayuden a presentar las enseñanzas más valiosas que acompañarán a nuestros hijos en su vida.

Esta misma destreza la podemos usar para enseñarles a nuestros discípulos en la iglesia. Conocerlos es parte importante, porque de esa forma sabemos cuál es el lenguaje que entienden y las cosas con las que se identifican, tal y como hacía Jesús cuando utilizaba las palabras, donde los personajes y las historias eran algo que las personas de la época veían todo el tiempo.

Hoy en día, existe la tecnología, la cultura milénica, los medios. Un líder debe también actualizarse para ser más eficiente en sus enseñanzas. Es más, debe utilizar los recursos actuales para llevar su mensaje que, en esencia, debe ser lo que nos dice la Biblia para cada aspecto de la vida.

Sobre todas las cosas, un líder que logra hacer de sus hijos y familia sus discípulos, aunque no tenga tecnología ni las mejores habilidades pedagógicas, será muy apto para enseñar. Por supuesto, tiene lo más importante, que es la autoridad para enseñar y la habilidad de comunicarse con paciencia y respeto.

7. Honesto

El siguiente versículo del pasaje que estudiamos nos dice:

> *No dado al vino, no pendenciero, no codicioso de ganancias deshonestas, sino amable, apacible, no avaro* (v. 3).

Una persona pendenciera es propensa a las riñas, los conflictos. Por lo general, tienen una lengua de esas que puede hacer mucho daño. Es muy común que estas personas hablen con indirectas, con sarcasmo, y que tengan la actitud de la «tiraera»* (como decimos en Puerto Rico) contra la gente que le incomodan. Esos individuos parecen disfrutar del conflicto, así que esas características los descalifican para ser buenos líderes.

Por otro lado, las ganancias deshonestas son tentación para muchas personas y los líderes no son la excepción. La gente se imagina que esto solo se refiere al fraude, pero no es así. Nos referimos a cualquier ganancia que sea deshonesta. Por ejemplo, mentir en la declaración de impuestos, recibir una ayuda del gobierno que no necesitas, o para los que venden como negocio, adulterar la balanza. Créanme, Dios tiene todo esto en cuenta.

Hay quienes usan el evangelio como una fuente de ganancia. No es lo normal de un salario digno, sino que intentan aprovecharse de su lugar de líder religioso para sacarle provecho económico y aumentar sus ganancias.

Todas estas actitudes mencionadas se descubren primero en el hogar antes que en la iglesia.

8. Amable

Ser amable y apacible, por otro lado, es una virtud que comenzando por el hogar, debe extenderse. Hay un dicho popular que expresa: «La amabilidad no pelea con nadie». Las personas amables atraen a los seres humanos. Por lo tanto, la palabra apacible es capaz de calmar, sanar y consolar.

A la hora de ser amables, debemos tener en cuenta un pasaje bíblico que nos advierte que no debemos exasperar a los hijos:

Ustedes los padres, no exasperen a sus hijos, para que no se desalienten.
Colosenses 3:21, RVC

Los padres que siempre están regañando y nunca les hablan a sus hijos de una forma profética que les levante y motive, logran desanimarlos hasta en su buen comportamiento. El líder debe ser también amable con todos los que vivan en casa y, aunque parezca gracioso... ¡hasta con el perro!

Hay que ser amables con todos, con la familia, hasta con los suegros. Muchos hombres se niegan a visitar a su suegra, por lo que dejan que la esposa se ocupe de su madre, pero olvidan que, siendo una sola carne, la madre de ella es su madre también. Esa es la unidad del matrimonio.

Por otro lado, la amabilidad con nuestras esposas tiene que ser cosa de todos los días. Debe ser un hábito tener gestos de amabilidad con la mujer de tu vida. Por eso el esposo debe darle la prioridad a la esposa por encima de todos los demás miembros de la familia, honrarla y, si es necesario, hacer amablemente que los padres de él la honren, pero dejando las cosas claras, aunque con respeto. Para las esposas también debe ser un compromiso ser dulces y amables con sus esposos. Además, deben poner las cosas en orden y honrar a sus esposos.

9. Generoso

El líder no debe ser avaro, más bien se debe caracterizar por la generosidad. Hay hombres cristianos que predican, son líderes y dentro del seno de su casa son avaros, no le dan ni una *mesadita* a su esposa. Hay quienes son muy generosos consigo mismos, pero muy tacaños con sus esposas. Las mujeres tienen sus gastos, sus necesidades, y parte de sus necesidades es verse arregladas, bien vestidas y presentables; por lo tanto, debemos cubrirlas en lo que podamos, más allá de nuestras responsabilidades en el hogar. Creo firmemente que el que invierte en su esposa agrada a Dios y, por consiguiente, será bendecido y prosperado. Es increíble que Dios le dé tanta importancia a este comportamiento, al punto que nos exige a nosotros, los Ancianos Gobernantes, que nos aseguremos del cumplimiento de estos requisitos... ¡Palabra fiel!

10. Buen líder en su casa

El que no gobierna bien su casa, no logra hacer feliz a su esposa ni ejerce una paternidad responsable y dedicada, ¿cómo pretende gobernar una iglesia? Amados pastores, les insto a que no se arriesguen a nombrar un líder como cabeza de un ministerio si no sabe gobernar su casa.

El orden debe ser una forma de vida en cada aspecto de la existencia del líder. Hay personas que tienen una capacidad increíble de llevar números, pero su propia contabilidad es un desorden.

Por otra parte, es importante que el líder tenga a sus hijos en sujeción con toda honestidad y sabiduría. No que le obedezcan por miedo, sino por respeto y admiración. El amor otorga autoridad.

Que gobierne bien su casa, que tenga a sus hijos en sujeción con toda honestidad (v. 4).

Que tus hijos no se sujeten por temor, sino porque les gusta hacerlo. Los hijos perciben nuestra honestidad porque nos ven en casa. Debemos inculcarles ese amor por el cual somos obedientes y nos sujetamos a Dios para que lo hagan de la misma forma que nosotros.

Comportarse de cierta forma para ser merecedor del ministerio no es bueno, se debe hacer por amor a Dios y su Palabra. No les digamos a nuestros hijos: «Nosotros tenemos que comportarnos así porque somos una familia de ministerio». Con esto, corremos el riesgo de envenenar el alma de nuestros hijos con esa forma de pensar. Ese tipo de motivación se conoce como hipocresía.

El mensaje que debemos comunicar es: «Nosotros nos comportamos así porque en este hogar amamos al Señor y honramos la Palabra de Dios, y el primero que debe modelar esta palabra soy yo. Me he ganado la autoridad de corregirte y enseñarte, pues amo a Dios y estoy sujeto a Él». Con esta posición clara y genuina, los hijos se enfocan y se calibran. El primero en sujeción es la cabeza del hogar.

Es una verdadera hipocresía decirles a nuestros hijos que, por causa de una visita de algún líder de la iglesia, se comporten como si fueran cristianos fidedignos, para impresionarles bien. Aun hijos inconversos bien educados pueden aprender a honrar un hogar cristiano.

Sin embargo, todos podemos cometer errores, hasta los hombres más comprometidos con Dios pueden fallar. Ese es el momento de reconocer nuestra falta y pedirle perdón a quien debamos hacerlo. Cuando los padres piden perdón, les demuestran a los hijos que se sujetan al Padre, que aman la Palabra. Esos padres orgullosos y prepotentes que nunca les piden perdón a sus hijos porque piensan que, por ser la autoridad en casa, no se pueden rebajar, en realidad pierden autoridad.

Un padre que sabe humillarse y pedir perdón cuando falla, genera admiración, respeto y, lo que es más importante, puede dormir en paz. Eso hace que se gane el derecho de exigirles a sus hijos que hagan lo mismo. Además, eso es honesto y los hijos entienden que en el hogar se reconocen las fallas y se respeta a Dios. ¿Cómo no me voy a poner en sujeción si mi autoridad está en sujeción?

11. Entendido y con buen testimonio

Los versos seis y siete de este pasaje que define las características de un buen líder hablan de ser entendido y de su testimonio.

No un neófito, no sea que envaneciéndose caiga en la condenación del diablo (v. 6).

La preparación es importante, pero aún más lo es la sabiduría. Un hombre sabio conoce sus limitaciones, a la vez que es humilde para reconocer que necesita aprender más de Dios y de su propósito aquí en la tierra.

Quizá nuestros cónyuges sean los mejores a la hora de percibir si nuestra motivación al desear el pastorado es genuina. Hay quienes anhelan la posición por el estatus o el prestigio que les va a dar. Esa motivación no es la adecuada; en realidad, es diabólica. Por lo tanto, tenemos que asegurarnos que ese germen no esté en el corazón del candidato. Los mejores para detectarlo son su familia y las personas de más confianza.

También es necesario que tenga buen testimonio de los de afuera, para que no caiga en descrédito y en lazo del diablo (v. 7).

¿Quiénes son «los de afuera»? Toda persona de la puerta de tu casa para afuera: La iglesia, tus compañeros de trabajo, tus vecinos. El perfil del líder debe ser intachable delante de las personas. Un pastor puede considerar preguntar por el testimonio de aquel a quien está pensando ordenar en el ministerio, a sus compañeros de trabajo, aunque no sean creyentes. Lo cierto es que ese puede ser un termómetro excelente. El trabajo es el lugar donde las personas pasan más tiempo.

Les digo que hacer ese tipo de llamado y conocer que ese líder, o futuro líder, es un ejemplo, un consejero para quien lo necesite, una persona que marca la diferencia en su trabajo, que lleva a otros a la oración en momentos difíciles, es muy gratificante. También es una señal de que esa persona causará un impacto positivo con su ministerio a cualquier parte que vaya.

En resumen...

Con esto, llegamos al final del estudio acerca de los requisitos de un buen líder. Por lo regular, las características presentes en 1 Timoteo 3 no son las que se enfatizan en la preparación de un líder moderno. Aquí, el apóstol Pablo no hace ninguna referencia al conocimiento bíblico ni a muchas enseñanzas que, por años, se han considerado indispensables dentro de los currículos que establecen las universidades o institutos bíblicos para la formación de pastores y líderes.

En esencia, lo que encontramos en este «prontuario divino» de 1 Timoteo son frutos de carácter medidos en el contexto del hogar y la familia. Por lo tanto, tenemos que atrevernos a abrir camino donde no lo hay. Digo esto, porque sé que, por lo general, en la iglesia moderna no se tiene esta mentalidad, mucho menos se practica. Si vamos a aplicarlo, tendremos que abrir camino, y ganarnos las críticas de todos los que se sentirán amenazados con este nuevo estilo de evaluación de candidatos al ministerio.

No obstante, si queremos una iglesia saludable que honre el nombre de Jesucristo caminando en el orden bíblico, tendremos que «moler vidrio»** en el nombre de Jesús.

---

* *Tiraera*: Rivalidades, disputas, «dimes y diretes».
** *Moler vidrio*: Pasar dificultades y vicisitudes, acción que se lleva a cabo con mucho esfuerzo, salvando obstáculos.

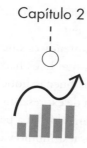

Capítulo 2

DESAFÍOS QUE AFRONTAN LOS LÍDERES

D urante todos los años en los que Dios me ha permitido llevar un liderazgo, desde mi hogar, la iglesia y hasta el concilio, puedo decir que la formación y el trato de Dios con mi carácter, a través de personas y situaciones, ha sido una verdadera universidad en la cual he llorado, he sido feliz, he aprendido, he enseñado. Sobre todas las cosas, he comprobado el llamado de Dios sobre mi vida y la gran responsabilidad que esto implica. Por esa razón deseo contarte algunas de mis experiencias y mi oración es para que puedan servirte en tu liderazgo.

LA RESPUESTA A LA CRÍTICA

En una ocasión, una señora se me acercó para decirme «Pastor, con todo respeto, perdóneme que le diga esto, pero a mí me da la impresión que usted es una persona muy orgullosa». Así de simple, así de directo fue su comentario, allí mismo, mirándome a la cara, como esperando alguna reacción que le confirmara su teoría. Sé que hay personas que pueden desarrollar una percepción equivocada de nosotros, ya sea por la manera en que hablamos, caminamos, nos

35

vestimos o el auto que conducimos. Todas las cosas que nos rodean son elementos que juzga la gente.

Una de las cosas que aprendí es que no le puedes testificar a todo el mundo de las cosas que Dios hace contigo. Sé que muchas veces describirles a otros las buenas noticias o las bendiciones que nos da Dios, es una manera de expresar nuestro agradecimiento. Sin embargo, no todas las personas lo van a percibir de esa manera.

En mi hogar nos damos testimonio y celebramos nuestros éxitos como una costumbre familiar; pero existen quienes no entienden la felicidad que es hablar acerca de las bondades de Dios, sino que llegan a catalogarte de orgulloso o presumido. No sabía si esta señora era una de esas personas, de modo que oré a Dios para mis adentros, a fin de que me ayudara a salir de esa situación con sabiduría.

En mi autoridad de pastor, podía reprenderla y preguntarle por qué me juzgaba, pero no quería herir su corazón. Así que oré: «Señor, por favor, dime cómo reaccionar a esto, haz que recuerde algo de la Biblia». Entonces, el Espíritu hizo que me acordara de los momentos en los que acusaron a Jesús y que su respuesta fue la de guardar silencio.

Luego, le dije a la señora: «Quiero agradecerle su sinceridad, pues prefiero saber lo que usted piensa de mí en cuanto al señalamiento que me está haciendo. Es probable que lo sea, creo que nadie se da cuenta de cuán orgullos podemos llegar a ser. Me comprometo a orar para que Dios me muestre cuánto orgullo hay dentro de mí, y también le voy a pedir que le muestre a usted la verdad de quién soy». Eso fue lo que le respondí y creo que esas palabras la tranquilizaron.

Una semana más tarde, apareció en la iglesia un profeta que no sé muy bien de dónde salió, pero todo el mundo recibió testimonio de que el hombre venía de parte de Dios. Ese día se acercó a mí y lo primero que me dijo fue: «A usted lo acusaron de orgulloso. Así dice el Señor: "Tú eres mi siervo amado, en quien me complazco, y si por algo te he bendecido, es porque tienes un corazón humilde"». Eso fue todo.

Tengo la seguridad de que esa hermana lo escuchó. Así es Dios, cuando callamos, Él es quien nos defiende. En cambio, si nos defendemos, muchas veces lo que creamos es conflicto. No hay mejor manera de aclarar las malas percepciones que la gente tiene de nosotros, como que Dios mismo se levante en público y te honre. Sin embargo, eso Dios nunca lo hará con los que se defienden y tratan con enojo a sus críticos. Aprende esto...

Debo aclarar que ese no fue el único ataque que recibí. Aunque necesité de la sabiduría y la ayuda de Dios para no responder de forma equivocada a esa hermana, en otra ocasión provocaron de veras mi humanidad. A veces, es necesario que suframos ciertos ataques para entender de dónde vienen y cómo el resentimiento se puede convertir en un arma letal del maligno en contra de los hijos de Dios.

A menudo, esos ataques destructivos tienen el propósito divino de mostrarnos cuán conectados estamos con el Espíritu Santo. Estas injusticias sacan a la luz quién es quién, los que nos rodean; pero también saca a la luz nuestra realidad espiritual.

ATAQUES DIRECTOS

En cierta ocasión, estaba escuchando a uno de los pastores que me atacó y acusó en esos años de lucha dentro de la junta directiva de la organización. Como ser humano, mi corazón se resistía a escuchar el mensaje de boca de un hombre que no me había mostrado el amor de Dios con sus actitudes. A medida que avanzaba en su prédica, en mi mente elaboraba argumentos en contra. De pronto, el Espíritu Santo acalló mi mente, se manifestó en mi corazón y me dijo: «Presta atención, QUE TE ESTOY HABLANDO A TRAVÉS DE ÉL», fue muy difícil, pero pude entenderlo. Aprendí que tenemos que aceptar la verdad sin importar de quien venga, y que no importa cuán «estrujada» llegue esa verdad, la tenemos que recibir porque es la verdad, y la verdad hay que amarla. La fuente y el estilo son elementos secundarios.

Todos los líderes somos seres humanos, todos tenemos defectos ocultos o evidentes. Los rincones más recónditos del corazón de un líder pueden albergar sentimientos de dolor que nunca sanaron. Una vez que se convirtieron en líderes, no se dieron la oportunidad de sacarlos, pues entonces, según sus pensamientos, eso los iba a colocar en desventaja o vergüenza. Dejar eso allí es muy peligroso, porque puede aflorar en el momento menos indicado. Yo mismo estaba siendo probado en perdón en ese momento. Para ilustrar lo peligroso que puede ser un resentimiento, una frustración o dolor escondido en el corazón de un líder, les voy a contar una historia.

Un día, en el que estaba trayendo una enseñanza a los pastores, uno de ellos se levantó. Le miré con atención, porque pensé que era para hacer una pregunta. En cambio, para mi sorpresa, empezó con una actitud hostil a cuestionar lo que yo estaba enseñando. No se refería al contenido ni dijo que estuviera enseñando algo que no fuera de la Biblia. Tampoco dijo que estuviera explicando erróneamente el significado de ese contenido bíblico. Lo que cuestionaba eran las razones que yo tenía para traer esa enseñanza y terminó criticándome con dureza y haciéndome señalamientos. ¡Ese pastor estaba juzgando mi corazón!

Me dio tanta ira, tanto coraje, que sabía que si no oraba ahí mismo, iba a ocurrir un caos, debido a mi temperamento. Oré en mi mente mientras él hablaba. Por dentro decía: «Señor, por favor, ayúdame a salir de esto, y no me permitas fallar en este examen». El asunto es que el Espíritu Santo habló a mi corazón y me dijo: «Ten paz, bendícelo y termina la reunión». Y así fue. Le dije: «Agradezco sus comentarios; pastores, damos por terminada esta sesión». Confieso que me quedé dolorido.

Luego, rumbo a mi casa, me fui llenando de amargura porque pensaba en él, en los argumentos necios, sin sentido, y me dio rabia. Al llegar a mi casa, me bañé y me tiré a la cama con muchos deseos de dormir. Creo que me deprimí. Entonces, en cuanto me acuesto, el Espíritu de Dios me pidió que me pusiera de rodillas. Cuando me arrodillo, le digo a Dios: «Señor, perdóname por cómo me siento». Dios me dice: «A primera hora, cuando despiertes en la mañana, quiero que lo llames por teléfono y lo invites a almorzar». Le respondí, como está de moda ahora: «Señor, dame tiempo». Cuando no queremos poner por acción algo que nos dice Dios, pedimos tiempo y espacio...

Él me dijo: «No, porque mi Palabra dice: "Ponte de acuerdo con tu adversario pronto"». En ese momento, entendí la razón por la que me pedía eso. Cuando se hiere al corazón, no se le puede dar tiempo porque se endurece y, sobre toda cosa guardada, hay que guardar el corazón:

Sobre toda cosa guardada, guarda tu corazón; porque de él mana la vida.
Proverbios 4:23

Decidí obedecer. En la mañana, le llamé por teléfono, rogando que me saliera la grabadora, pero me contestó él. Su tono sarcástico no se hizo esperar.

—Llamándome Rey Matos... —me dijo—. ¿Y para qué soy bueno?

—Es que el Señor me habló y me dijo que te invitara a almorzar —le respondí con toda sinceridad.

—Bueno, si nos reunimos para almorzar, no pienso ir a tu ciudad. Así que vendrás tú a la mía.

—No hay problema —le dije—, yo voy.

SE DESENMASCARA EL RESENTIMIENTO

Así que viajé hasta la ciudad donde vivía aquel pastor que me confrontó y juzgó frente a todos. Cuando se monta en mi auto, me pregunta a dónde lo llevo. Yo hubiera querido llevarlo a comer perros calientes en la calle, porque eso era lo que sentía que se merecía. En cambio, debía obedecer.

—Tengo instrucciones de llevarte al mejor restaurante de la ciudad.

Para mis adentros, pensé: *Además de que voy obligado, ¡me va a salir caro!* Tuve que llevarme a mí mismo cautivo a la obediencia a Cristo, como dice la Palabra de Dios. No lo estaba disfrutando, pero decidí hacerlo en obediencia. Entonces, él escogió el lugar. Cuando nos sentamos a la mesa, yo no podía esperar, no sabía qué le iba a decir. Le pedí ayuda a Dios y comencé:

—Pastor, a juzgar por la forma en que me trató anoche, estoy seguro que en algún momento le ofendí y no me di cuenta. Así que para poderle pedir perdón, necesito saber cuándo le fallé y qué hice para que usted se ofendiera a tal grado.

En cuanto le dije eso, comenzó a llorar. Lloraba tanto que me conmovió. Yo comencé a llorar también al escuchar su llanto lleno de dolor.

Llegó el camarero a recibir la orden, y cuando nos vio llorando a ambos, se alejó... ¡Qué vergüenza! ¡Ya sabes qué pensaría Dios!

—¿Por qué lloras? —le pregunté.

—Porque el Espíritu Santo me habló cuando comenzaste a hablar y me dijo que tenía que decirte la verdad —me respondió cuando por fin pudo articular palabras—. Por eso lloro.

—¿Y cuál es esa verdad?

—Que la envidia que te tengo es tanta que el odio me ha carcomido el corazón y por eso te odio. Me has robado posiciones que me correspondían a mí y siempre te has encargado de robarte el amor de la gente. Te aman a ti más que mí, cuando yo he invertido mucho más en ellos.

De esto aprendí que hay pecados en algunos líderes que están muy arraigados en el corazón que no van a salir hasta que lo revele la humildad de otro. Lo cierto es que a mí no me correspondía invitarlo a almorzar para pedirle perdón, pero al hacerlo, en obediencia a lo que me pidió Dios, quedó desarmado y se vio obligado a hacerle frente a la verdad. Lo único que pude responder a eso fue:

—Perdóname, yo nunca he querido usurpar posiciones, ni robarme el amor de la gente. Y te pido perdón, porque nunca quise ocupar tu lugar. Soy tímido de corazón, y nunca he querido invadir lo que le corresponde a otro. Por favor, concédeme el ser tu amigo.

En mi corazón sabía que eso era lo que le tenía que decir.

—Perdón, sí —fue su respuesta—, pero amistad... ¡jamás! Te puedo perdonar, ¿pero dejarte ser mi amigo? ¡No!

Durante dos años estuve felicitándolo con tarjetas en las Navidades, en sus cumpleaños, en sus aniversarios. Cuando su iglesia celebraba algo, allí estaba yo. Dios me movía a saludarle a él antes que a mis amigos en las asambleas de pastores. Sin embargo, él seguía distante y parco.

Al cabo de dos años, estoy dando una clase a pastores y en medio de esa clase él levanta la mano.

Segundo round, pensé

Traté de ignorarlo, pues no quería escuchar algo como lo que me dijo dos años atrás, pero sabía que tenía que darle la oportunidad de hablar. Respiré hondo mientras él caminaba hasta el frente del auditorio. Siguió y se puso frente a mí y me dijo:

«Yo me equivoqué y reconozco que tú no eres la persona que creía que eras, y delante de todos mis compañeros pastores, yo no solo quiero aprovechar este momento para pedirte perdón, sino que quiero ofrecerte mi amistad, y pedirte que si puedes ser mi pastor».

Desde entonces, disfrutamos de una buena comunicación, nos respetamos mutuamente y hemos ministrado juntos.

¿Qué hubiera ocurrido con ese pastor si yo hubiera decidido no obedecer por causa de mi dolor? Es lo que hubiera hecho cualquier persona luego de una ofensa y una confesión como las suyas. Me dijo que me odiaba. De seguro que fueron palabras muy fuertes. Aun así, hacía falta más humildad y una dosis extra del amor de Dios para quebrar esa fortaleza. El evangelio nos prohíbe protegernos porque Dios dice que Él es quien nos va a proteger. Cuando nos protegemos a nosotros mismos y nos defendemos, lo que hacemos es tirar flechas hacia un hermano al cual tenemos la orden de amar. Nosotros obedecemos en amor, y Dios se encarga de los corazones. Funciona de maneras impresionantes.

El altivo será humillado, pero el humilde será enaltecido.
Proverbios 29:23, NVI®

EL DESAFÍO DE CONSTRUIR UN CORAZÓN HUMILDE

Hay algunas recomendaciones que deseo mostrarles a fin de que nos demos a la tarea de alcanzar una verdadera humildad. En primer lugar, la definición de la palabra o de la actitud de humildad es tratar a los demás como si fueran superiores a nosotros, de la misma manera en que nos trataríamos a nosotros mismos. En segundo lugar, entender que nuestro trabajo en Cristo es servir y no ser servidos.

Luego, practicar la humillación delante de Dios y delante de la gente. Si quieres ser pacificador de un conflicto, la forma más fácil de lograrlo es disculpándote, aunque el agraviado seas tú. Así, nuestro adversario se avergüenza reconociendo que ese lugar de humillación le corresponde a él y no a nosotros.

Humíllense, pues, bajo la poderosa mano de Dios, para que él los exalte a su debido tiempo.
1 Pedro 5:6, NVI®

No hagan nada por egoísmo o vanidad; más bien, con humildad consideren a los demás como superiores a ustedes mismos.
Filipenses 2:3, NVI®

Actuar con humildad, aun cuando se cometa contra nosotros una injusticia o el enemigo quiera usar a personas para humillarnos en público, y seguir siendo humilde una vez que Dios te dé posiciones de privilegio, tiene grandes recompensas. David no utilizó el llamado que Dios le hizo para hacerles frente a sus enemigos. Dejó que Dios le hiciera justicia. Eso es lo que afirma la Palabra cuando nos recuerda lo siguiente:

Recompensa de la humildad y del temor del Señor
son las riquezas, la honra y la vida.
Proverbios 22:4, NVI®

Para consumar su sacrificio, su misión en la tierra, a Jesús lo humillaron hasta lo peor que en esa época se podía conocer: la muerte de cruz. Sin duda, Él cargó con todas nuestras culpas y nosotros no debemos cargarlas, puesto que Jesús nos redimió. Sin embargo, el ejemplo de su silencio y humildad es algo que debe tocar lo más profundo de nuestro corazón, y algo que debemos recordar cuando nos desafíen a actuar con esa humildad necesaria para aliviar el dolor en otros corazones.

> *Angustiado él, y afligido, no abrió su boca; como cordero fue llevado al matadero; y como oveja delante de sus trasquiladores, enmudeció, y no abrió su boca.*
> Isaías 53:7

Era necesario que Jesús se dejara humillar. Tres días después, una vez cumplida su misión, recuperaría su gloria y estaría de nuevo sentado junto al Padre celestial. Debemos pensar en esto cada vez que nos toque callar e imitar el ejemplo de Jesús. Gracias a que Él fue obediente hasta la muerte en la cruz, hoy tenemos una relación con nuestro Padre celestial que nos levanta, no nos deja avergonzados, nos libera y nos coloca en una posición de realeza porque somos hijos del Rey de reyes.

También es necesario mantener un equilibrio en todas las cosas. Aunque es muy importante no tener un concepto superior a lo que eres, nunca olvides tu identidad, quien eres en Cristo, como hijo de Dios. Una persona humilde, pero sana en lo emocional, se da a respetar. La humildad no es perder la dignidad.

LA TOMA DE DECISIONES

En una ocasión, el Espíritu Santo prácticamente me dictó un mensaje para mi iglesia que titulé: «Cómo tener éxito en grandes proyectos de fe». Creo que parte de la responsabilidad de un líder es guiar a sus discípulos en la toma de decisiones, tanto a nivel personal como de iglesia. Todos, al ser parte de la sociedad, tomamos decisiones a diario, las cuales afectan nuestra vida y la de los demás.

Dios escogió al pueblo de Israel y lo ha utilizado como un ejemplo para todas las naciones del mundo, pero sobre todo lo ha usado como un ejemplo para el pueblo de Dios. Él siempre ha sido extravagante. Incluso, ha hecho muchas cosas extravagantes y las ha hecho con la intención de que el mundo conozca que Él es Dios. Por esta razón, en ocasiones Dios somete a su pueblo a experiencias y circunstancias que, desde el punto de vista humano, sería imposible salir de ellas a no ser que Jehová camine con nosotros. Cuando eso ocurre, allí es donde vemos las señales en Egipto. Siempre que tomamos decisiones basándonos en la fe y el conocimiento de que Dios es todopoderoso, es cuando vemos que se abre el mar, la piedra da agua y el cielo llueve maná. Es más, vemos a un Dios que hace posible lo imposible, obrando a nuestro favor para librarnos de cualquier situación.

Cada una de estas cosas que conocemos a través de las historias bíblicas son experiencias que no son fáciles de vivir. Por eso sabemos que Dios sometió a su pueblo porque para Él era muy importante preparar al pueblo antes que entraran a la Tierra Prometida. Por eso es bien importante que nosotros entendamos cuál es el proceso bíblico que nos prepara para grandes cambios, para entrar al lugar de promesa. Nosotros necesitamos recibir instrucciones de Dios para que, en nuestro proceso, comencemos de manera exitosa; y después de entrar al lugar que nos da Dios, entonces también lo hagamos con éxito y lo podamos mantener.

DECISIONES DE ÉXITO

El primer paso para cualquiera que desee tener éxito en un proyecto es conocer a Dios de verdad. Nosotros necesitamos conocer a Dios y conocer las Escrituras, porque una cosa es tener el conocimiento religioso de Dios, el tradicional, que Dios existe, y otra cosa es haberlo conocido personalmente. Quienes han tenido un encuentro personal con Dios alcanzan una verdadera fe. La fe de quienes han tenido un encuentro personal con Dios se dispara a otro nivel, no solo nos hace creer en Él, sino en todo lo que ha dicho. El pueblo que quiere caminar en una dimensión de fe para entrar en grandes proyectos y andar en lo sobrenatural de Dios, tiene que ser un pueblo que conozca las Escrituras. Esto es muy importante, pues de inmediato podemos filtrar lo que es de Dios y lo que no lo es. Incluso, podemos identificar principios poderosos que están detrás de las cosas que se nos presentan.

Cuando no vemos el cumplimiento de esos principios, sabemos que es tiempo de esperar. El conocimiento bíblico nos da una sabiduría extraordinaria y por eso es tan importante estudiar las Escrituras. En ellas descubrimos cómo Dios opera a través de los tiempos. Por medio de las Escrituras sabemos cómo Él ha manejado los asuntos de sus hijos. Los hechos históricos trascendentales nos revelan grandes cosas de Dios, nos ofrecen un cuadro claro de cómo caminar con Dios y nos advierten también de algunas cosas que pueden ocurrir en el camino.

El segundo paso es esperar a que Dios hable. Hay personas que caminan en su propio entendimiento de cuándo avanzar. Sin embargo, el pueblo de Dios no camina sin que Dios hable. Nosotros sabemos que Él es un Dios que habla, porque nuestro Dios vive y todo el que busca su rostro y le pregunta, recibe respuesta. Cuando pedimos dirección y confirmación, Él las da. En ese sentido es muy importante que reconozcamos la voz de Dios y no nos movamos si no hay voz de Él que apruebe nuestros pasos.

Este tiempo moderno ha provocado una falsa fe en algunas personas, y ha hecho que algunas iglesias entren en una dinámica un poco extraña, proclamando y decretando. Entonces, lo que en verdad están creando son caprichos en la presencia de Dios. Lo que me atrevo a proclamar, a declarar con fe, es aquello de lo que Él ha hablado. En otras palabras, los que proclamamos y decretamos, lo hacemos como un eco de la voz de Dios; no podemos ser la voz original, no si deseamos caminar de veras en la voluntad de Dios.

Me preocupa esta nueva enseñanza de «todo lo que quieran declárenlo y proclámenlo»; hay que tener cuidado con eso, pues puede salir el deseo del corazón y podemos encontrarnos estableciendo nuestros propios deseos sin contar con la opinión de Dios.

Pedís, y no recibís, porque pedís mal, para gastar en vuestros deleites.
Santiago 4:3

Los que vamos a entrar en proyectos con Dios, los que requerimos una fe grande y hasta milagrosa para que podamos vivirlos, tenemos que asegurarnos que Dios hable, confirme y apruebe nuestros planes. En el caso de nuestra iglesia, Dios ha hablado muchas veces por diferentes profetas y misioneros; son personas que desconocen nuestras necesidades, por lo que hemos podido comprobar que ha sido Dios hablándonos.

El Señor ha confirmado en el corazón de los pastores muchas cosas por una unanimidad espectacular, ya que todas nuestras decisiones las tomamos por unanimidad (hay que confiar en Dios de verdad para caminar así) y lo ha afirmado también en el corazón del pueblo. Por causa de eso, no debemos tener duda de que Dios está en el asunto, que hará cumplir todo lo que nos ha prometido. No vamos a caminar a tientas ni con miedo, porque cuando entramos en proyectos de fe, necesitamos caminar con pasos firmes, aunque no necesariamente sepamos cómo se va a desarrollar esta aventura de fe. No obstante, nosotros identificamos las cosas fundamentales de esta manera:

1. Esto es bíblico.
2. Tenemos el testimonio del Espíritu.
3. Tenemos unidad de corazón entre todo el cuerpo gobernante de la iglesia.
4. Dios no solo ha hablado de manera interna, sino también externa, pues se ha encargado de traer gente a lo largo de los años para hablarnos y confirmarnos todo lo que Él va a hacer y lo que espera de nosotros.

El Señor dijo: «Yo los voy a sorprender», porque ese es el tipo de Dios que tenemos.

EL CARÁCTER DE DIOS

Conocer a Dios nos ayuda a desarrollar nuestra fe en gran medida. Conocer el carácter de Dios nos ayuda a caminar seguros porque sabemos quién es Él. Sabemos cómo se comporta Dios, pues a través de las Escrituras hemos podido ver la revelación de su perfil. Él tiene una personalidad extraordinaria. Conociéndolo, podemos caminar con mucha más certeza y convicción de que vamos en la dirección adecuada y que estamos en el tiempo apropiado. Dios irá sosteniendo cada palabra en el camino que Él nos prometió, lo va a sostener y lo va a mantener. Muchas de las personas que tuvieron problemas para dirigirse a la Tierra Prometida no se debieron a la falta de fe. Salieron con fe de Egipto después de ver las señales de Dios contra el faraón y todo Egipto.

Sin embargo, la Biblia dice que no pudieron entrar a la Tierra Prometida por incredulidad. El Espíritu reveló en mi corazón que mucha de esta gente tenía miedo a las pruebas que iban a afrontar. ¿Por qué hubo una parte del pueblo que se quiso quedar en Egipto? Porque le tenían miedo al ejército más poderoso de la tierra, los egipcios. Salir de allí implicaba hacerle frente al peligro de que un ejército descomunal los persiguiera.

También estas personas eran conscientes de lo inhóspito que es un desierto y había muchos obstáculos y amenazas que afrontar, y eso provocó miedo. Hubo grandes señales, la serpiente de Moisés se tragó la serpiente del faraón, y vinieron muchas otras señales de Dios, pero eso no les quitó el miedo a todo lo que tenían que enfrentar. El asunto es que las Escrituras llama al miedo, incredulidad. El miedo es falta de confianza en lo que Dios ha prometido hacer. Si Dios lo hizo una vez, lo volverá a hacer. Las Escrituras dicen:

> *En el amor no hay temor, sino que el perfecto amor echa fuera el temor; porque el temor lleva en sí castigo. De donde el que teme, no ha sido perfeccionado en el amor.*
> 1 Juan 4:18

No es pecado sentir miedo, yo también lo sentí en muchos procesos. Entonces, cuando me quiso embargar el temor, me enfoqué en Dios. Así fue que Él trató conmigo al mostrarme que el temor era incredulidad y que debía ver los elementos esenciales que me revelaban las Escrituras, lo cual era necesario para afirmarme. Al final, sentí la seguridad de que Dios lo volvería a hacer. Él me liberó de los temores, y ahora me puedo levantar con una convicción, certeza y fe tremendas que yo sé que Dios está con nosotros.

En cierta ocasión, estando con mi congregación en un segundo piso de un edificio muy pequeño, nos enfrentábamos a una toma de decisión muy difícil. Debíamos llegar al acuerdo de abandonar ese segundo piso para irnos a un edificio de dos plantas, que en ese momento nos parecía impresionantemente grande. Hoy en día, estamos en ese mismo edificio y lo sentimos como una caja de fósforos de tan pequeño que nos resulta, pero en ese tiempo nos parecía un gigante. Sabíamos que teníamos que hacerlo, y en cuanto tomamos esa decisión de fe, lo hicimos con valentía. Entonces, se armó un revuelo, la gente se turbó y hubo miembros de nuestra congregación que, por no soportar la presión, se fueron de la iglesia.

Para mí fue doloroso, pues amo a mi pueblo, mi gente, mis ovejas. Cada persona que se sienta allí, aun cuando no hayamos tenido la oportunidad de conversar, de no conocernos de manera íntima, las amo. Nosotros los pastores amamos a nuestros miembros, y perder a uno es bastante doloroso. Sin embargo, al orar por todas estas cosas, Dios nos lo dijo bien claro. Por lo menos, a mí me lo mostró bien claro.

Me sentía devastado por los hermanos que se marcharon. Su argumento principal era algo como esto: «No vamos a poder pagar el alquiler de este nuevo edificio» o «Esa transacción es descabellada, pues en vez de alquilar, debemos comprar», etc. Estábamos construyendo el altar del nuevo edificio (porque ya la decisión estaba tomada), cuando se estaciona el único músico activo que nos quedaba, y me hace seña para que me acercara. Con solo verlo, supe a qué venía. Así fue, venía a informarme que se iba de la congregación porque estaba de acuerdo con el grupo de «disidentes».

En ese momento, creí que me iba a desmayar de dolor. Me tuve que sostener de lo primero que encontré a mi alrededor para no caerme. Sentía como si mi corazón estuviera sangrando por dentro... Lo bendije y lo despedí con un abrazo. Recuerdo que cuando voy caminando aturdido hacia el templo nuevamente, le pedí a Dios que me diera las fuerzas para poder soportarlo. Fue una tristeza fulminante de muerte.

Tan pronto entré a ese viejo edificio, que había estado cerrado por ocho años, escuché el sonido de un teléfono. Los hermanos buscaron por todos lados porque no se veía. Al final, encontraron un viejo teléfono negro (de disco), sucísimo por los años en desuso, que estaba en el piso detrás de una caja fuerte mohosa. Seguía sonando, por lo que lo tomaron, y al contestar, me dijeron: «Pastor Rey, ¡es para usted!». ¡Yo me quedé en *shock*! ¿Cómo es posible que alguien me estuviera llamando a ese teléfono que ni yo sabía siquiera su número? Además, ¡hacía ocho años que no operaba ese edificio!

Respondo todavía sobrecogido de asombro, cuando escucho la voz de un pastor que conocí en Venezuela una sola vez. «Rey, ¡es tu amigo el pastor Flores!». No me dio tiempo para preguntarle cómo había logrado hacer esa llamada. De inmediato, me dijo: «Pastor Rey, estaba yo orando con un grupo de pastores, cuando el Espíritu Santo nos dijo con urgencia: "¡Clamen por el pastor Rey! ¡Está pasando por una tristeza de muerte! ¡Oren! ¡Oren!". Rey, hemos estado clamando a gritos por ti, y así te dice el Señor: "Yo una vez los libré de sus enemigos, otra vez los volveré a librar. Yo una vez los libré de los políticos internos, lo volveré a hacer"».

El Señor me decía: «Los infieles, desleales, que cada vez que se va a tomar una decisión o a dar un paso trascendental empiezan a cuestionarlo todo, a criticar y a poner en duda las decisiones que estamos tomando, no te entristezcas por ellos». El Espíritu Santo me hablaba y me decía: «Yo te ayudé a superar los obstáculos y yo te voy a ayudar otra vez. Los retos, los tropiezos, las amenazas, las luchas, nada de eso va a faltar; pero Yo te libraré de todo esto. Por cada uno que se vaya, Yo traeré diez fieles que te ayuden con la obra del ministerio que te he dado».

Señores, ¡entonces sí que por poco me da un infarto! (*Ja, ja, ja, ja*). El gozo del Señor me embargó y las fuerzas regresaron como las de un búfalo. Se lo conté a los hermanos que me ayudaban ese día, ¡y todos nos regocijamos en Él! Todavía algunos de nuestros detractores fueron el día de la inauguración, como para averiguar qué iba a pasar.

Recuerdo que de momento, prácticamente comenzando la adoración, se fue de repente la energía eléctrica. El rostro de mis detractores se iluminó, como diciendo: «Yo lo sabía; Dios lo va a humillar por su soberbia y su delirio de grandeza». En cambio, con una fe y fortaleza sobrenaturales, exhorté al pueblo a adorar como fuera, bajo las circunstancias que fueran; y el pueblo adoró como nunca. Los críticos tuvieron que irse y no les quedó más remedio que ver de lejos cómo Dios nos bendecía y prosperaba. Y todo esto sin tener que atacar a nadie, ni utilizar el púlpito para vaciar mi enojo; porque tal enojo no existía. Estaba tan entretenido disfrutando de las maravillas de Dios que no tenía tiempo para tonterías, ni para contaminar mi corazón con disputas contra hermanos ignorantes de los propósitos de Dios.

El Señor no nos ha dicho que nos va a librar de todas esas batallas, Él no va a evitarlo, pues esas son las cosas que nos hacen crecer, amar, aprender, y nos enseñan a amar a nuestros enemigos, a los infieles. También nos enseñan a aprender a tratarlos para poder salvarlos y nos hacen madurar en la fe; todo esto nos desarrolla el carácter. De cada una de esas aflicciones nos librará Jehová, pero el proceso duele, las amenazas crean inseguridad. Como humanos, huimos, evadimos la tristeza que nos producen estas cosas. ¿A quién le gusta que le rechacen? A nadie, pero el Señor ha dicho: «No te preocupes por nada de eso, escucha mi voz».

En cuanto a mí, solo he decidido creerle a Dios, y he decidido esperar por Él.

EL DESAFÍO DE CREERLE A DIOS

Hay personas que perciben a Dios como un Dios inconstante que a veces respalda y hace milagros, pero que otras veces se desaparece y nos deja colgados. Piensan que, como Dios es imprevisible, de qué sirve que confíen en un Dios así. He querido tocar este tema porque hay personas que necesitan romper con este argumento mental que han guardado en silencio, pues ni siquiera se atreven a mencionarlo. Es obvio que ese tipo de mentalidad nos hace ser inconsistentes e inseguros.

El único momento en el que «parece» que Dios nos deja colgados y a nuestras expensas es cuando nos apartamos de su camino, cuando asumimos actitudes equivocadas y contristamos al Espíritu Santo. Sin embargo, Él nunca nos dejará, pues aunque de lejos, siempre estará pendiente de sus hijos «difíciles».

Dios comenzó a hacer cosas con el pueblo de Israel, su pueblo amado. Les prometió cosas poderosas y hasta se iniciaron las mismas. Incluso, dio evidencias de que Él estaba en el asunto. Entonces, cuando el pueblo empezó a cambiar de actitud, adoptando una que ofendía a Dios, Él se retiró y, al parecer, se quedaron «colgados». Muchos de los que tenían la promesa de llegar a la Tierra Prometida murieron en el desierto. Gente que Dios bendijo en la salida, pero que no pudo seguir bendiciéndola durante el camino, Él mismo juró que ninguno de ellos entraría a la Tierra Prometida.

Todo esto nos pone en perspectiva. Dios jamás ha violentado sus promesas, nunca ha dejado que una palabra que salga de su boca caiga en la tierra sin cumplirse. Él ha sido fiel, y seguirá siendo fiel hasta el final, pues Él es Dios. Lo que sucede es que nosotros nos hemos descuidado, abandonando el camino que Él nos exige para podernos respaldar.

Hay personas que tienen mucha fe, que se congregan con fidelidad, que no tienen duda de la realidad de la existencia de Dios. Hasta lo aman, o dicen que lo aman, pero maltratan a sus esposas. También hay mujeres que son unas rebeldes ante sus maridos, y se les oponen, les faltan al respecto. Por supuesto, esos esposos no se quedan atrás y ambos comienzan a herirse y maltratarse. ¿Tú crees que Dios va a cumplir su promesa con gente como esta? ¿Crees que va a prosperar y bendecir matrimonios que son así por más fe que tengan? Dios no va a dejar de hablarles, pero lo hará para provocarlos al arrepentimiento. Debemos obedecer a Dios, buscarlo, escucharlo y vivir en su orden divino, desarrollando el carácter que Él espera de nosotros para que podamos recibir sus promesas.

EL RESULTADO DE ACTUAR BAJO EL RESPALDO DE DIOS

La fe se tiene que traducir en la transformación del carácter. Si creo en Dios, tengo que caminar como Él. Es más, tengo que aprender a tratar a la gente que no se merece mi amor, al igual que lo hace Él. Ser cristiano no solo es alabar a Dios en los cultos y tener una Biblia bajo el brazo. Ser cristiano es transformarme en un hombre, o en una mujer, que sea semejante a Cristo. Esto implica comportamiento, actitudes, personalidad, lo cual significa frutos.

Por lo tanto, si de verdad quieres ver a Dios prosperándote y que su bendición venga a tu casa, sobre tus hijos, y quieres ver prosperar a tu generación, tienes que asegurarte de morir a ti y humillarte lo suficiente bajo el rostro de Dios, a fin de que no solo tú, sino toda tu casa aprenda a amar al Señor. Eso no se enseña por imposición, se enseña siendo un ejemplo. Dios fue claro al decirnos que habita en nosotros. Ahora está de nuestra parte asegurarnos que nuestros caminos sean los caminos de Él. Este camino de fe, y estos grandes retos de fe a los cuales nos tenemos que enfrentar, debemos hacerlos creyéndole a Dios.

EL EJEMPLO DEL PADRE DE LA FE

Durante toda su vida, Abraham anheló tener un hijo y Dios se lo negó. Cuando cumplió setenta y cinco años, que ya no soñaba con tenerlo, Dios se lo promete. Luego, al cumplir los cien años, Dios le concedió ese hijo. Nosotros vivimos una experiencia similar hasta que Dios hizo el milagro. Cuando llegó ese momento, tuvimos que ir a la presencia de Dios y pedirle instrucciones.

He conocido ministerios e iglesias que han estado en situaciones parecidas a las nuestras y que, cuando estaban en lugares incómodos, oscuros y difíciles, experimentaron un tremendo mover de Dios. Tan pronto comenzaron con los movimientos para ir al templo que Dios les prometió, la iglesia empezó a decaer, y una vez que entraron al lugar soñado, la iglesia estaba muerta espiritualmente.

En momentos como estos, el líder debe guiar a su congregación. Sé de ministerios que han vivido ese éxito en todo este proceso. ¿Qué tuvieron que haber hecho esos ministerios para ser exitosos? Fueron a las Escrituras y buscaron los protocolos bíblicos de cómo mantener el éxito a través de un proyecto de fe, sin decaer en el intento.

Eso fue lo que le pedí al Señor y me dirigió a esto. En cierto grado, estábamos viviendo un avivamiento, pero le decía al Señor: «Cuando entremos a ese lugar, quiero que ocurra algo mayor». Dios nos dio instrucciones muy precisas a seguir, pasos importantes que se convirtieron en un desafío que no solo exigía trabajo arduo, sino consagración. Así que decidimos obedecer con la certeza que, de esa forma, alcanzaríamos la promesa.

Capítulo 3

LA CONSAGRACIÓN
DEL LÍDER

La consagración revelada en el Nuevo Testamento es para todo creyente en Cristo. Cuando nos entregamos a Jesús como nuestro Salvador y recibimos la revelación de la Palabra de Dios, nacemos de nuevo. Por lo tanto, pasamos a ser hijos de Dios, ya no solo por hechura suya, sino por ser de su propiedad. Nos consagramos a Dios y esto tiene una importancia muy grande. Veamos la manera en que se expresa en este pasaje:

> *Ustedes ya están limpios, por la palabra que les he hablado. Permanezcan en mí, y yo en ustedes. Así como el pámpano no puede llevar fruto por sí mismo, si no permanece en la vid, así tampoco ustedes, si no permanecen en mí. Yo soy la vid y ustedes los pámpanos; el que permanece en mí, y yo en él, éste lleva mucho fruto; porque separados de mí ustedes nada pueden hacer.*
> Juan 15:3-5, RVC

Una vez que recibimos al Espíritu Santo de Dios, necesitamos «permanecer»: «Permanezcan en mí, y yo en ustedes» (v. 4). A continuación, nos habla del fruto por el que nos conocen; es decir, se trata de nuestras obras, nuestra obediencia. Más adelante, podemos leer:

En esto es glorificado mi Padre, en que llevéis mucho fruto, y seáis así mis discípulos.

1 Juan 3:8

Nuestros frutos nos distinguen como seguidores de Cristo. Así que el poder de esta Palabra no solo produce la inspiración, sino también la fortaleza para vivir en consagración.

Una de las cosas que deseo sembrar en tu corazón es que logres entender que cuando vamos perdiendo consagración, nunca nos vamos a dar cuenta. Se disipa poco a poco y casi no nos percatarnos de esto, así que la pérdida es paulatina. Hay maneras en las que podemos vigilar nuestro comportamiento y es una de las claves de la sabiduría: Hay banderas rojas que se levantan y te dicen: «Oye, te estás debilitando». Lo que sucede es que a veces las ignoramos.

Una de las evidencias de nuestra consagración, uno de esos frutos de los que habla la Biblia, es que en nosotros aflora el amor por la gente. Si te malhumoras en tu entorno, estás perdiendo consagración. Hay personas que el único termómetro que usan es el equivocado. El problema radica en que no están en pecados comunes o evidentes, no están en fornicación, ni en vicios, tienen una vida sexual controlada y no hacen nada ilegal. Muchos hasta podrían jurar que son los más consagrados y, en realidad, se han ido debilitando en su consagración. Otros se han vuelto huraños, irritables, y eso denota falta de amor por los demás. La obediencia y los frutos son los más importantes:

Podemos estar seguros de que conocemos a Dios si obedecemos sus mandamientos. Si alguien afirma: «Yo conozco a Dios», pero no obedece los mandamientos de Dios, es un mentiroso y no vive en la verdad; pero los que obedecen la palabra de Dios demuestran verdaderamente cuánto lo aman. Así es como sabemos que vivimos en él. Los que dicen que viven en Dios deben vivir como Jesús vivió.

1 Juan 2:3-6, NTV

Consagrarse es modelar el carácter de Jesús. Hay quienes no consideran que el chisme, por ejemplo, sea pecado. Otros solo se entretienen escuchando a otros hablar de los demás y piensan que, si no abren su boca para decir algo, no pecan. La Biblia es muy clara también cuando habla de las murmuraciones.

El que es chismoso revela el secreto; no te juntes con gente boquifloja.
Proverbios 20:19, RVC

En el Nuevo Testamento se compara el chisme con otros pecados:

Que ninguno de ustedes sufra por ser homicida, ladrón o malhechor, ni por meterse en asuntos ajenos.
1 Pedro 4:15, RVC

Lo más importante para mantenernos en Cristo, como la vid, y dar frutos, es tener viva y permanente nuestra relación íntima con Él. La adoración es un gran vehículo para esa conexión, pues cuando adoramos, estamos muy sensibles a la voz de Dios. La alabanza y la adoración son muy importantes para mantener la consagración. También lo son pertenecer a una iglesia, congregarnos, estar en armonía con nuestros hermanos y tener comunión con ellos dentro y fuera de la iglesia.

Los grupos pequeños, las células, nos ayudan a tener relaciones más personales con nuestros hermanos y a desarrollar vínculos de amistad. A veces, conocemos a todo el mundo en la iglesia, pero no tenemos amigos cercanos. Es preciso integrarnos a un grupo pequeño para que podamos rodearnos de nuestros hermanos. Todo eso nos fortalece en nuestra consagración, porque nos cuidamos los unos a los otros. De ahí que el primer modelo de iglesia, la de los discípulos, fuera el de vivir en comunidad. En esa época, había muchas otras razones para estar juntos y perseverar en el fortalecimiento mutuo.

Otra posición peligrosa para la consagración es sentirse muy santo. El que se siente muy santo, debe cuidarse para no dejar de ver a las personas por sentirse que está a otro nivel. Si eso nos ocurre,

Dios nos permitirá hacer cosas, equivocarnos, estrellarnos contra el piso, y cuando estemos ahí llenos de golpes, nos dirá: «Solo era para que recuerdes que no eres perfecto».

> *Antes del quebrantamiento es la soberbia, y antes de la caída la altivez de espíritu.*
> Proverbios 16:1

LA CONSAGRACIÓN ES VITAL PARA QUE DIOS NOS LLEVE A OTRO NIVEL

En cierta ocasión, Dios me exhortó a que guiara a la iglesia hacia una búsqueda de mayor consagración. Sucedió cuando estábamos en la transición del templo, en esa época en la que me dispuse a seguir las instrucciones de Dios y a dar ese paso de fe de movernos de donde estábamos. El Espíritu me confirmaba en mi corazón que los mejores tiempos no habían llegado aún, que todavía no habíamos visto lo mejor. Le dije al Señor: «Dirígeme a las Escrituras, por favor». Él lo hizo y me presentó este plan que se encuentra en Deuteronomio 12:

Verso 1:

Estos son los estatutos y decretos que cuidaréis de poner por obra en la tierra que Jehová el Dios de tus padres te ha dado para que tomes posesión de ella, todos los días que vosotros viviereis sobre la tierra.

Esto significa que antes de proceder, hay que hacer un inventario de nuestra vida espiritual. En otras palabras, la Escritura dice: «Cuídate de poner por obra mis estatutos y decretos». Dios ha sido muy celoso con su pueblo, exigiéndonos santidad, pureza e integridad. También nos exige que tengamos las actitudes de Jesús, que tengamos un ambiente familiar de paz, que entendamos que Dios no va a negociar con nadie.

Por lo tanto, le comuniqué a la congregación que entraríamos en una campaña de consagración, y que no solo nos consagraríamos desde el punto de vista de pureza y santidad, sino que tendríamos que consagrarle a Dios nuestra vida personal, familiar y matrimonial. Con ese fin, tendríamos cultos especiales, en los que nos comprometeríamos más con el Señor para que Él fuera lo primero, para que nuestras primicias lo honraran en tiempo, amor, prioridades, y hasta en puntualidad para llegar a la iglesia y a compromisos fuera de la iglesia.

Siguiendo las instrucciones bíblicas que Dios me dio, debíamos hacer lo siguiente.

Verso 2:

Destruiréis enteramente todos los lugares donde las naciones que vosotros heredaréis sirvieron a sus dioses, sobre los montes altos, y sobre los collados, y debajo de todo árbol frondoso.

Dicho de otra forma, el Espíritu Santo nos revelaba que, con un acto de fe y consagración, teníamos que ir en contra de todas las raíces pecaminosas que pudieran existir en nuestra vida, y maldiciones generacionales que todavía operaran en nuestro tiempo presente. Teníamos que hacerle frente derrumbando cualquier herencia espiritual de maldad que aún hubiera en nosotros. Debíamos destruir altares que quizá estuvieran en nuestra vida, sin importar el tipo que fuera. Nos abrazaríamos a la cruz y confiaríamos en que si Dios hacía algo así de grande, sería porque Él esperaba de nosotros una mayor consagración. Esto implicaba que tendríamos que entrar en campaña de ayuno y oración para consagrarnos y santificar nuestras casas y familias.

Verso 3:

Derribaréis sus altares, y quebraréis sus estatuas, y sus imágenes de Asera consumiréis con fuego; y destruiréis las esculturas de sus dioses, y raeréis su nombre de aquel lugar.

Como un acto de obediencia, debíamos derribar todas las cosas que habíamos idolatrado en nuestra vida, puesto que no venían de Dios. Todo ese lujo que nos gastábamos, teníamos que limpiarlo de nuestras casas, nuestras vidas. Incluso, mencioné que había hermanos que fueron liberados de pecados, pero que el Espíritu Santo me demostraba que aun esos pecados, que están a veces enterrados, pueden convertirse en una debilidad presente o futura, y debíamos ir delante de Dios y pedirle que nos fortaleciera en esos aspectos, a fin de que nunca volviéramos a caer allí. Necesitábamos afirmar ese compromiso de consagración específicamente sobre los pecados de los que nos libertó Dios.

Verso 5:

El lugar que Jehová vuestro Dios escogiere de entre todas vuestras tribus, para poner allí su nombre para su habitación, ése buscaréis, y allá iréis.

Nosotros hicimos nuestro trabajo y buscamos, porque queríamos levantar una sede donde poder hacer todas las operaciones de servicios a la comunidad. En cambio, Dios dijo: «Yo soy el que lo escojo y ustedes van a seguir, van a entrar al lugar que yo escogiere». Todos concluirán que haber logrado esto tuvo que ser de Dios, porque si fuera por nosotros, jamás se hubiese dado.

Verso 6:

Y allí llevaréis vuestros holocaustos, vuestros sacrificios, vuestros diezmos, y la ofrenda elevada de vuestras manos, vuestros votos, vuestras ofrendas voluntarias, y las primicias de vuestras vacas y de vuestras ovejas.

En el servicio, les dije: «Si antes era importante para Dios que sacrificáramos nuestros diezmos para Él, después que Él haga este «milagrón» y cuando traiga su provisión, asegúrense que ustedes se mantengan fieles a los diezmos».

Sin duda alguna, nuestro Dios es el Dios de la provisión.

Mi Dios, pues, suplirá todo lo que os falta conforme a sus riquezas en gloria en Cristo Jesús.
Filipenses 4:19

Así como Dios es fiel para proveer todo lo que necesitamos, nosotros nunca debemos dejar de ser fieles en este ni en ningún otro aspecto.

> **Verso 7:**
> *Y comeréis* [tendrán comunión los unos con los otros] *allí delante de Jehová vuestro Dios, y os alegraréis, vosotros y vuestras familias, en toda obra de vuestras manos en la cual Jehová te hubiere bendecido.*

En la Biblia, «comer» significa comunión, pues Dios diseñó el acto de comer para que siempre fuese en familia. En cuanto a la palabra «alegría», su significado es el gozo como producto de la unidad. En otras palabras, la alegría se produce debido a la unidad que hay entre nosotros. Dios quiere asegurarse que haya comunión en su pueblo.

Para Dios es muy importante que todos entren a ese lugar, pero que lo hagan en comunión genuina y no en apariencias. Esto significa que Dios no le va a permitir a nadie que por delante diga que nos ama, pero que por la espalda murmure y siempre esté señalando lo que le parece que está mal.

En ese momento, Dios me mostraba que a ese tipo de persona no le iba a permitir entrar en la nueva sede de nuestra iglesia. El Espíritu me lo dijo claro: «Los hipócritas no entrarán allí».

Era muy importante que todos estuviéramos en la misma página, porque algo que no sucede en muchas iglesias, sucede en la nuestra.

Todas las decisiones se toman por unanimidad. Nosotros somos un equipo de seis pastores ancianos, y nadie se queda afuera, pues todos tenemos que estar de acuerdo. Incluso, a veces incorporamos en la toma de decisión a nuestra contable y auditora interna; y si ella no está convencida, tampoco se hace.

> **Verso 10:**
> *Mas pasaréis el Jordán, y habitaréis en la tierra que Jehová vuestro Dios os hace heredar; y él os dará reposo de todos vuestros enemigos alrededor, y habitaréis seguros.*

El volumen del río Jordán varía en dependencia de la época del año. Hay veces que está bajo y otras veces se desborda. ¿Sabes cuándo le tocó a Israel cruzar el río? Cuando se desbordaba. Dios pudo haber escogido el momento cuando el nivel del agua estuviera más bajo. Sin embargo, lo escogió cuando se desbordaba, a fin de que en el momento que se abriera ese río y ellos pasaran, nadie tuviera duda de que Él fue quien lo hizo.

Eso era parecido a lo que Dios estaba haciendo con nosotros. Dios quería que quedase claro que lo que iba a suceder no era para que nadie se diera el crédito, sino que era obra de Él.

Hago mención al río Jordán porque Dios escogió la peor época de la economía de Puerto Rico para decirnos que había llegado el momento de tomar esa decisión tan importante. Si había un tiempo donde parecía una locura entrar a un proyecto de fe de esta índole, era este. Lo cierto es que Dios es Soberano y siempre tiene un propósito con todo lo que hace.

En la toma de decisiones que involucren a las personas que nos siguen, debemos estar seguros de que Dios es quien nos está llevando, que son sus instrucciones las que estamos siguiendo y que tenemos su respaldo. Luego de eso, ni las condiciones externas, ni el ánimo de las personas, ni las aparentes imposibilidades que se pongan delante de nosotros, deben hacernos dudar de que estemos tomando una decisión de éxito.

LA TENTACIÓN

El proceso de consagración personal requiere de una intimidad con Dios que nos fortalezca día a día. Debemos ser conscientes de que la tentación va a tocar a nuestra puerta. La tentación va a venir, ya sea que estemos preparados o no. La buena noticia es que hasta en este aspecto Dios tiene el control.

> *No os ha sobrevenido ninguna tentación que no sea humana; pero fiel es Dios, que no os dejará ser tentados más de lo que podéis resistir, sino que dará también juntamente con la tentación la salida, para que podáis soportar.*
>
> 1 Corintios 10:13

Yo lo experimenté en una etapa de mi vida en la cual nunca pensé que tendría que hacerle frente a una prueba de ese calibre. Trabajé muchos años en la industria farmacéutica. Aun cuando ya era pastor, continuaba trabajando secularmente. Un día, mi secretaria me llama y me dice, sin esperarlo, que iba a renunciar.

—¿Cómo vas a renunciar de la noche a la mañana? ¿Qué pasó? ¿Se trata de algo grave? —le pregunté.

—Sí, me tengo que ir porque estoy enamorada —me respondió.

Y así siguió nuestra conversación...

—¡Qué bueno! Me alegra mucho —le dije.

—Es un hombre casado y por eso me tengo que ir —respondió ella.

—Vaya... qué triste que te hayas fijado en un hombre casado —le dije con cautela—. Me parece que no está bien, pero no entiendo por qué tienes que salir corriendo en un momento como este en el que no puedo preparar a alguien para que ocupe tu posición. ¿No puedes esperar un poco?

—No me haga que se lo diga, por favor —fue su respuesta.

—¿Que no te haga decirme qué? No entiendo.

—Lo que pasa es que ese hombre es usted.

Nunca me hubiera imaginado eso, pues era una mujer seria. Jamás noté que se quisiera acercar a mí más de lo necesario, ni siquiera tocábamos temas personales. Sin embargo, era obvio que si no hubiera estado buscando de manera estratégica una oportunidad, solo hubiera renunciado sin darme explicaciones.

No puedo negar que me sacudió el piso, que me encantó escucharlo y me sentí por algunos segundos fuertemente tentado. La chica era bonita.

Debo contar que todo el trasfondo familiar que tengo viene de ahí. Mis abuelos, mis papás, mi hermano, mis tíos, se han visto envueltos en adulterio. Yo nunca he tenido ojos para nadie que no sea mi esposa, pero debo confesar que sentí fragilidad, colgué el teléfono, porque gracias a Dios me lo dijo por teléfono, y tuve que hacer una oración al Señor para pedirle de favor que me ayudara. Lo primero que sentí en mi corazón fue llamar a mi esposa.

—Te estoy llamando para que sepas que mi secretaria me dijo que va a renunciar porque se enamoró de mí.

—¡Qué atrevida! —me dijo.

Lo más grande de su respuesta fue que no me acusó. Le confesé que la había llamado para pedirle protección.

—Mi amor, dime, ¿cómo te ayudo? —fue su respuesta.

—No sé... —le dije un poco nervioso—. Se me ocurre que vengas a almorzar conmigo a la planta.

Mildred, mi esposa, ¡llegó preciosa!

Cuando la vi en la recepción de la compañía, me sentí muy orgulloso de ella... ¡y allí nos abrazamos! Luego, la llevé del brazo para que conociera a mis compañeros. Hasta que llegué a mi oficina.

Cuando mi secretaria vio a mi esposa, se puso nerviosa, pero siguió trabajando en la computadora.

—Quiero que conozcas a mi esposa —le dije.

Mi esposa la abrazó y mirándole a los ojos, le dijo:

—Quiero que sepas que Jesucristo te ama.

De ahí nos fuimos a almorzar y la pasamos muy bien. Después, conoció más personas de la empresa.

—Trata de llegar temprano hoy a casa —me dijo al despedirla.

Cuando llegué, mi esposa me recibió en la puerta. Al salir del baño, encontré las velas aromáticas encendidas. Allí mismo mi esposa me llevó a la cama y tuvimos intimidad. Al otro día, cuando llegué, me dijo: «Báñate, mi amor». Entonces, cuando salí, todo estaba listo. Al tercer día, se repitió la misma historia.

«¡Mi amor, estás irreconocible!», le dije muy feliz.

En otras palabras, mi esposa entendió que la mejor forma de pelear esas batallas y alejar esos espíritus de adulterio y seducción era teniendo intimidad conmigo, cubriéndome.

> *No se nieguen el uno al otro, a no ser de común acuerdo, y solo por un tiempo, para dedicarse a la oración. No tarden en volver a unirse nuevamente; de lo contrario, pueden caer en tentación de Satanás, por falta de dominio propio.*
>
> 1 Corintios 7:5, NVI®

Mi esposa tuvo la sabiduría de entender que hay cosas en el matrimonio que se resuelven con oración y otras que se resuelven con intimidad. Por eso les aconsejo a todas las parejas que no descuiden ese aspecto tan importante, pues la tentación va a tocar a la puerta en algún momento.

Hay muchas formas de salir corriendo cuando nos sentimos vulnerables. En mi caso, decidí llamar a mi esposa y confesarle lo sucedido. Ella tuvo una sabiduría muy grande para tratar esa situación, confió en mí, me perdonó por sentirme vulnerable, sabiendo que si la llamé era porque no tomé nunca en consideración dar rienda suelta a mis instintos. Sin embargo, para un hombre es muy duro. Mildred tomó su posición de esposa para ayudarme a salir de esa tentación. Si se hubiera enojado o hubiera desconfiado de mí, no me hubiera ayudado. Además, si se hubiera dado en otra ocasión, no la llamaría para confesárselo y pedirle ayuda.

Mujer, pídele sabiduría a Dios para cubrir y proteger a tu marido de la tentación.

Hombre, no descuides a tu mujer en nada.

Ambos deben recordar comunicarse de manera sincera y madura para que puedan sobrellevar cualquier situación que atente contra su matrimonio.

LA TENTACIÓN DENTRO DE LA IGLESIA

A veces, pensamos que solo fuera de nuestro entorno cristiano es donde vamos a encontrar la tentación. No siempre es así. Mientras ejercía el pastorado, experimenté algo que nunca hubiese imaginado posible.

Trabajando ya a tiempo completo en la iglesia, una mujer, quien era una profesional, se congregaba con nosotros. Por alguna razón comenzó a llegar temprano a la oficina de la iglesia y a ayudarme en todos los asuntos en los que pudiera asistirme. Era muy eficiente en su servicio y tenía mucho acierto a la hora de identificar mis necesidades y cómo ayudarme.

Un día, llega muy temprano y comienza a asistirme, pero ese día me sorprendió porque se acercó a mí, puso las palmas de sus manos sobre el escritorio, inclinando su pecho hacia mí y exponiendo «sus encantos».

«Dios me dijo que yo me iba a casar con un pastor y el que sea casado no lo va impedir». Ante esa escena de una mujer casi encima de uno, con sus pechos al aire, imagínense cómo la adrenalina se dispara en el cuerpo de cualquier hombre. En ese momento supe que si no corría, sería hombre muerto. La dejé sola en la oficina y salí de inmediato.

Entonces, me encontré con uno de los líderes de la iglesia. Se trataba de un hombre con madurez espiritual, así que agradecí que estuviera allí, pues no podía hablar de esto con cualquier persona. De inmediato, le dije: «Necesito ayuda, me acaba de ocurrir esto...».

«Pastor, quédese aquí», me respondió, «voy a buscar a su esposa».

Cuando se lo confesé a mi esposa, me dijo: «No te preocupes que te voy a "galdear"» (este es un término coloquial que se utiliza para quien juega la defensa en baloncesto). Cada vez que esa hermana se me acercaba durante el culto, mi esposa venía y me tomaba del brazo, y le sonreía a ella.

Esa mujer siguió con la actitud de servirme y asistirme en la iglesia, pero ya no hubo ocasión para que se repitiera la situación anterior. Sin embargo, insistía en ponerse a mi disposición para ayudarme en algunas cosas. Mi esposa estaba siempre cerca de mí y nunca adoptó una actitud de histeria ni de celos. Nunca armó un escándalo, pues bien sabía que tenía que manejar el asunto con dignidad y con un alto sentido de seguridad en su esposo, y hasta respeto por esa persona. Hay mujeres que son muy formales, pero cuando se ven amenazadas en este campo, se pueden poner hasta agresivas. Mi esposa seguía firme defendiendo su territorio, pero de manera cordial.

El asunto es que la mujer se sintió tan incómoda de ver que mi esposa inmediatamente hacía acto de presencia, que no pudo resistir eso y se marchó.

Creo que sí hay que orar y sí hay que atacar a los espíritus que vienen a tratar de destruir los matrimonios. Sin embargo, hay muchas formas sabias e inteligentes para hacer guerra espiritual y esa es una de ellas.

Una vez más, tengamos esto en cuenta: Si mi esposa no se hubiera comportado como lo hizo, si no hubiera confiado en mí desde la primera vez que le confesé que fui tentado, yo nunca le hubiera confesado nada más. Entonces, hubiera estado en un terreno peligroso. Las esposas deben entender que un hombre que es transparente con su esposa, aunque esto involucre confesar que se sintió tentado y frágil ante la situación, a eso hay que darle mucho valor, reconociendo las intenciones del corazón de ser fiel al matrimonio.

Lo mismo se ajusta a los caballeros. No dejen que el machismo se sienta amenazado en caso de que su esposa le confiese haber sido tentada. Más bien, procuremos conocer en qué asuntos las estamos dejando solas, ya que las mujeres, a diferencia de los hombres, tienen a veces más necesidades emocionales y afectivas que físicas, y actuemos con igual sabiduría, la cual viene del Espíritu Santo de Dios, y debemos pedirla para recibirla.

Si a alguno de ustedes le falta sabiduría, pídasela a Dios, y él se la dará, pues Dios da a todos generosamente sin menospreciar a nadie.
Santiago 1:5, NVI®

Capítulo 4

LOS RIESGOS DE LA BENDICIÓN

Aunque no lo creas, la bendición tiene sus riesgos.

Nunca había visto esto así de claro, pero estudiando la Palabra descubrí que toda bendición, en especial las bendiciones extraordinarias de Dios, tienen su riesgo.

Hay mucha gente que aprende a «cantazo limpio»*. Así estuve yo gran parte de mi vida, aprendiendo de esa manera, a los golpes, llevándome trancazos contra la pared. Eso no necesariamente es malo. Si vamos a las Escrituras, vemos a los escogidos de Dios pasando por muchos momentos difíciles y aprendiendo de esa forma. Entonces, luego de habernos dado algunos golpes, comenzamos a desarrollar sabiduría.

Por lo general, la sabiduría está ligada a la prudencia. Y la prudencia, a su vez, es un elemento del carácter, que no solo nos ayuda a manejar mejor las relaciones interpersonales, sino que también nos ayuda a evitarnos problemas.

Llega el momento en el que podemos aprender viendo los «cantazos» que se llevan otros y de sus errores, aplicando la enseñanza de esa experiencia ajena antes de que nos ocurra a nosotros. Dios, en su infinito amor, va a lograr enseñarnos mediante la observación,

69

o dejando que nosotros mismos caigamos en situaciones donde aprenderemos por las malas.

Ahora en esta etapa de mi vida, llevo menos golpes que antes y observo más lo que les sucede a las demás personas, a fin de que cada día desarrolle la virtud de la prudencia. Muy a menudo, con nuestro equipo de oración en la iglesia y nuestros intercesores, le pedimos al Espíritu Santo que descienda y que despierte en nosotros un espíritu de prudencia, de modo que las enseñanzas de la Palabra de Dios nos preparen para el día de la prueba y que no seamos zarandeados.

LA IMPORTANCIA DE LA PRUDENCIA

Veamos el ejemplo del pueblo de Israel, pues sabemos que ha sido el pueblo más bendecido de todos los pueblos de la tierra. La nación de Israel fue la más poderosamente visitada por Dios. Es más, no hay nación en el mundo que haya tenido los pactos y las bendiciones de Dios como ha sido el caso de Israel. Es una nación que ha sido santificada; es un linaje escogido. Israel ha visto los milagros que no ha visto ninguna otra nación.

El Señor escogió a Israel para traer al mundo al Mesías, al que sería el Salvador. Sin embargo, los israelitas han cometido una serie de errores y faltas garrafales, porque no tuvieron la prudencia de escuchar la voz de Dios en los momentos que Él les hacía las advertencias necesarias para que no tropezaran, para que no cayeran. Los israelitas conquistaron la Tierra Prometida y, en ese proceso, dejaron que esa conquista les conquistara el corazón, así que perdieron la prudencia. Al perder la prudencia, comenzaron a cometer pecados.

Entonces, Dios los tuvo que reprender y les quitó todo lo que recibieron para que volvieran a ese punto del principio; que fue el punto de no tener nada. Al verse de esa manera, su único norte fue buscar el rostro de Dios. En cuanto a nosotros, debemos tener cuidado cuando las bendiciones extraordinarias de Dios nos arropen. Cada vez que recibimos una bendición maravillosa, necesitamos cuidarnos, porque las bendiciones extraordinarias muchas veces traen un riesgo que no percibimos. ¿Por qué? Porque cuando no somos espiritualmente prudentes, ese tipo de bendiciones puede empezar a crear en nosotros arrogancia espiritual.

Cuando vemos a una persona engreída dentro de una familia, de seguro que descubriremos que ese fue el hijo preferido del papá, o fue el hijo preferido de la mamá. Sabemos que eso está mal, y nunca deberíamos tener hijos preferidos ni jamás darle tratos especiales a uno sobre el otro. Sin embargo, hay padres que no se dan cuenta y caen en eso por razones de distinta índole. Lo que vemos es que ningún papá ni ninguna mamá aceptarán que le dan tratos preferenciales a un hijo, no existen. Porque los padres más ciegos que hay, las madres más ciegas que hay, son los padres y las madres que tienen un hijo preferido. Todo el mundo lo nota, pero ellos siempre lo van a negar.

Ahora bien, ¿qué es lo que ocurre? Los que tienen esos tratos especiales nunca resultan ser los mejores hijos de la familia, sino los más engreídos, despegados, orgullosos. Lo que quiero decir con esto es que todos tenemos un israelita dentro. Aunque no lo queramos aceptar, desde el punto de vista espiritual, todos tenemos un israelita dentro. Eso significa que las bendiciones extraordinarias de Dios pueden arroparnos y podríamos reaccionar con la misma ingratitud con que lo hizo el pueblo de Israel.

Una particularidad de los seres humanos es que tienden a relajarse demasiado cuando se sienten cómodos, cuando no tienen nada de qué preocuparse. Una vez que las personas disfrutan de la abundancia, y las bendiciones de Dios son frecuentes en su vida, empiezan a perder la prudencia. ¿Por qué? Porque la conquista de todas esas bendiciones comenzó a conquistar su corazón... Al igual que ocurrió con el pueblo de Israel.

Esto sucede también en el plano natural. Conozco a profesionales, personas que cuando estudiaban sus carreras a nivel doctoral, muchos se casaron antes de terminar y eran muy buenos esposos mientras fueron estudiantes. Padres ejemplares, hombres y mujeres con corazones humildes, sensibles con la gente, amigables. Entonces, cuando le dieron el diploma y comenzaron a ganar ese montón de dinero, empezaron a codearse con la crema y nata de la sociedad. Acto seguido, comenzaron a entrar en crisis matrimonial. Lo he visto muchas veces. Empiezan a descuidar a los hijos, ya no son los amigos de antes, van perdiendo la humildad.

En esencia, quizá no fueran personas orgullosas. Lo que sucede es que cualquiera de nosotros puede caer en semejantes actitudes cuando la fama, el dinero y las bendiciones extraordinarias de Dios empiezan a arropar nuestra vida. Quiere decir que nosotros sí tenemos derecho a disfrutar lo que nos da Dios, sí debemos gozarlo, sí debemos ser agradecidos de todo lo que Él nos está dando. No obstante, en ese proceso debemos ser cuidadosos y abrir nuestros oídos a la voz de Dios, pues antes que llegue la piedra en la cual vamos a tropezar, el Espíritu de Dios nos va a hablar, nos va a hacer advertencias y nos va a decir: «¡Cuidado! ¡Despierta! ¡Observa!». Por eso las Escrituras afirman:

Lámpara es a mis pies tu palabra, y lumbrera a mi camino.
Salmo 119:105

Debido a que nosotros tenemos el camino bien alumbrado, poseemos la capacidad de divisar a lo lejos el obstáculo y podemos evadirlo. En cambio, cuando ya no tenemos esas cosas que disfrutamos tanto y que nos mantienen entretenidos, nos preocupamos de nuevo por pasar tiempo buscando la Palabra y estar pendientes para escuchar la voz de Dios a nuestro corazón Por otro lado, cuando dejamos de tener ese enfoque porque ya estamos bendecidos, nos descuidamos, pues caminamos en abundancia y experimentamos unos milagros de Dios muy hermosos. En ese caso, la Escritura nos advierte que cuando veamos que nos alcanza la bendición de Dios, cuando veamos la respuesta a nuestro clamor, cuando nuestro sueño comienza a cumplirse, no dejemos de orar, de buscar la Palabra. Lo que es más, ¡no dejemos de humillarnos! Siempre que nos mantenemos en ese estado de humillación, adorando a Dios, nuestros oídos están abiertos aun en medio de la bendición. Incluso, nuestra sensibilidad está bien calibrada en el corazón de Dios para que, en medio de esa bendición, podamos estar atentos a su voz y evitarnos los problemas en los que cayeron los israelitas.

APRENDAMOS A ESCUCHAR LA VOZ DE DIOS

Como líderes, debemos anhelar que cada uno de nuestros discípulos aprenda a caminar escuchando la voz de Dios en su diario vivir. Debemos prepararlos para que sepan recibir las bendiciones de Dios y seguir actuando en prudencia.

Nosotros los pastores no tenemos la capacidad de advertir los momentos de peligros en tu vida, a no ser que Dios nos lo revele, pero aun así no ocurrirá siempre. No podemos estar pendientes de tu vida diaria, ni advertirte de los tropiezos que Satanás te quiere poner en el camino o los que te presenta la vida natural. En cambio, si eres sensible a la voz de Dios todos los días, Él te va a hablar, te va a dirigir, y todos los días va a calibrar tu corazón. Nuestro anhelo debe ser que cada uno siga caminando en pos de escuchar la voz de Dios, porque eso es lo que significa en gran parte caminar en lo sobrenatural. Además, eso evitará la dependencia poco saludable que muchos cristianos tienen con los pastores y profetas de las iglesias.

En el capítulo 8 del libro de Deuteronomio, se nos da un consejo maravilloso. Se trata del consejo de Dios al pueblo de Israel en los momentos que estaban siendo bendecidos por la poderosa mano de Dios que, conociendo el corazón humano, les hacía estas advertencias.

> *Cuidaréis de poner por obra todo mandamiento que yo os ordeno hoy, para que viváis, y seáis multiplicados, y entréis y poseáis la tierra que Jehová prometió con juramento a vuestros padres.*
> Deuteronomio 8:1

Los israelitas estaban a punto de entrar a la Tierra Prometida, a punto de recibir el milagro más grande que habían recibido en la vida. Cruzaron un desierto, vieron el mar dividirse, las rocas les dieron agua cuando la necesitaron, se quedaron sin comida y bajó maná del cielo, se cansaron del pan todos los días, y las codornices cayeron muertas en el campamento y pudieron comer carne. En fin, necesitaron que el río Jordán se abriera, se quedaron sin agua otra vez, otra roca dio agua, les dio calor en el desierto y el Señor puso un cúmulo de nubes sobre ellos para que les protegiera del sol por el día. En la noche del desierto, el Señor encendió una llama en el cielo que les alumbraba el camino y los calentaba.

Luego de ese largo recorrido, entrar en la Tierra Prometida era la culminación de todo. Era la victoria más grande que se les daba y Dios les decía: «¡Van a poseer la tierra! Estén atentos. Sean prudentes. ¡Escuchen mis palabras y no se les olviden!».

Y te acordarás de todo el camino por donde te ha traído Jehová tu Dios estos cuarenta años en el desierto, para afligirte, para probarte, para saber lo que había en tu corazón, si habías de guardar o no sus mandamientos. Y te afligió, y te hizo tener hambre, y te sustentó con maná, comida que no conocías tú, ni tus padres la habían conocido, para hacerte saber que no sólo de pan vivirá el hombre, mas de todo lo que sale de la boca de Jehová vivirá el hombre. Tu vestido nunca se envejeció sobre ti, ni el pie se te ha hinchado en estos cuarenta años. Reconoce asimismo en tu corazón, que como castiga el hombre a su hijo, así Jehová tu Dios te castiga. Guardarás, pues, los mandamientos de Jehová tu Dios, andando en sus caminos, y temiéndole. Porque Jehová tu Dios te introduce en la buena tierra, tierra de arroyos, de aguas, de fuentes y de manantiales, que brotan en vegas y montes; tierra de trigo y cebada, de vides, higueras y granados; tierra de olivos, de aceite y de miel; tierra en la cual no comerás el pan con escasez, ni te faltará nada en ella; tierra cuyas piedras son hierro, y de cuyos montes sacarás cobre. Y comerás y te saciarás, y bendecirás a Jehová tu Dios por la buena tierra que te habrá dado. Cuídate de no olvidarte de Jehová tu Dios, para cumplir sus mandamientos, sus decretos y sus estatutos que yo te ordeno hoy.
Deuteronomio 8:2-11

Dios nos repite esos versículos hoy, le habla al israelita que todos llevamos dentro. Todos hemos sido bendecidos por Dios de muchas maneras, y es importante que recibamos esta Palabra para nosotros y que podamos cuidarnos, como dice el verso 11, «de cumplir sus mandamientos». Así que «cuídate de no olvidarte de Jehová tu Dios».

Ahora, sigamos estudiando estos pasajes de las Escrituras:

Cuídate de no olvidarte de Jehová tu Dios, para cumplir sus mandamientos, sus decretos y sus estatutos que yo te ordeno hoy; no suceda que comas y te sacies, y edifiques buenas casas en que habites, y tus vacas y tus ovejas se aumenten, y la plata y el oro se te multipliquen, y todo lo que tuvieres se aumente; y se enorgullezca tu corazón, y te olvides de Jehová tu Dios, que te sacó de tierra de Egipto, de casa de servidumbre; que te hizo caminar por un desierto grande y espantoso, lleno de serpientes ardientes, y de escorpiones, y de sed, donde no había agua, y él te sacó agua de la roca del pedernal; que te sustentó con maná en el desierto, comida que tus padres no habían conocido, afligiéndote y probándote, para a la postre hacerte bien; y digas en tu corazón: Mi poder y la fuerza de mi mano me han traído esta riqueza.
Deuteronomio 8:11-17

He visto varias veces el caso de personas a quienes Dios bendijo y les resolvió crisis, los levantó de desgracias, los llenó y los satisfizo. En cambio, muchos terminan diciendo: «Yo luché bien duro y, gracias a Dios, por lo menos salí adelante». Sin embargo, hay que tener cuidado cuando todo está centrado en el «yo», y solo en el «yo». Hay quienes son un poco más espirituales todavía, y dicen: «Mira todo esto, mira todo lo que Dios nos dio. Mi fe en Él me trajo hasta aquí».

La fe es en Dios, y lo expresan así, pero puede que, sin darse cuenta, piensen: «¡Es mi fe! Sí, claro, ¡es mi fe!». Cuando lo que dice la Escritura es que si tu fe fuera tan pequeñita como un grano de mostaza, eso es suficiente para Dios. Él lo sabe y puede hacer grandes maravillas en tu vida. Lo cierto es que la mayor necesidad aquí es que invoques el nombre de un Dios grande, y entiendas su grandeza. La verdad es que la soberanía de Dios se manifiesta cuando Él quiere. Puede haber alguien que no tenga tanta fe, como aquel que quería la sanidad de su hijo y a quien Jesús confrontó con estas palabras: «Para quien cree todo es posible». Ese hombre fue tan sincero que le dijo al Señor: «¡Creo! ¡Ayúdame en mi incredulidad!» (Marcos 9:23-24, RVC).

¿Y tú crees que eso fue suficiente para que Jesús no hiciera el milagro? El hecho de que había en él algo de incredulidad no detuvo su misericordia. Ese hombre fue tan sincero que Dios lo bendijo y sanó a su hijo. Por lo tanto, debemos ser cuidadosos cuando hablamos de nuestra fe.

El pasaje del libro de Deuteronomio continúa diciendo:

> *Acuérdate de Jehová tu Dios, porque él te da el poder para hacer las riquezas, a fin de confirmar su pacto que juró a tus padres, como en este día. Mas si llegares a olvidarte de Jehová tu Dios y anduvieres en pos de dioses ajenos, y les sirvieres y a ellos te inclinares, yo lo afirmo hoy contra vosotros, que de cierto pereceréis. Como las naciones que Jehová destruirá delante de vosotros, así pereceréis, por cuanto no habréis atendido a la voz de Jehová vuestro Dios.*
>
> Deuteronomio 8:18-20

Hay actitudes idólatras que no permiten que las personas se inclinen ante el único y verdadero Dios. Debemos identificar si existen cosas que hemos llegado a adorar y que nos convierten en idólatras. Podemos vivir inclinados ante cosas que dominan nuestras vidas. Un ejemplo, tanto del Antiguo como del Nuevo Testamento, nos deja enseñanzas que, en otras palabras, expresan lo siguiente: «Mujer de Dios, jamás se te ocurra unirte a un hombre que no me ame, y que no haya nacido de nuevo. Hombre de Dios, jamás se te ocurra unirte a una mujer que no sea hija de mi reino».

Los hombres de Dios los ordena y los impone Él. Los hombres de Dios se casan con mujeres de Dios, y las mujeres de Dios se casan con hombres de Dios. Sin embargo, los que están dispuestos a ver de lejos el mandamiento bíblico, porque no les conviene o porque piensan que se les va a pasar el tiempo de casarse, pueden cometer grandes errores.

Cuando un hombre o una mujer violenta la voluntad de Dios, y se rinde a una persona de quien Dios le ha advertido que no está cumpliendo su voluntad, en ese momento está quitando al Señor del trono de su vida por idolatrar a la persona con quien desea unirse.

DETRÁS DE UN SUEÑO

Al momento de escribir este libro, puedo observar que hoy en día existe una gran tendencia en libros, conferencias, programas de radio y televisión donde ayudan a las personas a cumplir sus sueños. ¡Esa es la promesa que venden los medios! Con esto, se utiliza algo inherente en el ser humano, pues desde tiempos remotos, sueña con cosas que no tiene o con llegar a ciertos lugares, con obtener un estatus de vida diferente. Quizá sea por eso que hasta las prédicas de la actualidad se inclinen a decirles a los cristianos que cumplan sus sueños. Sin embargo, esa es una teología falsa, porque lo cierto es que Dios va a cumplir sus sueños en ti.

Esto implica que un día podamos escuchar a Dios decirnos: «Lo siento, ese es tu sueño, y lo has tenido toda la vida, pero a mí no me place, ese no es mi plan. Yo tengo otro plan para ti». En cambio, esto no es una mala noticia, pues Dios conoce lo mejor para nosotros y sus planes siempre son excelentes. El día que tú le entregaste tu vida a Cristo, también le entregaste la soberanía sobre tu vida. Así que ya no te mandas tú; te manda Dios.

La verdadera fe implica la confianza en que, aunque las cosas no salgan justo como las soñamos, Dios va a transformarlo todo para nuestro bien y, en especial, para que se cumpla su propósito.

Recuerdo el momento en que me gradué de mis estudios de bachillerato universitario. Ese era el momento más crucial de mi preparación profesional, porque toda mi vida había soñado con ser médico cirujano. Desde pequeño, veía los programas de televisión de emergencias médicas, y cada vez me convencía más de que eso era lo que quería hacer para servirles a Dios y a mi comunidad. Así que solicité admisión en dos universidades, pero mi mayor deseo era la aceptación de una universidad en la Florida.

Cuando llegó la carta, las emociones se elevaron a las nubes. Una vez que termino de leerla, mi corazón se desplomó y todos mis sueños se vieron amenazados. ¡No podía creerlo! Me denegaban la admisión y lo peor fue que la misma decía que yo era un estudiante mediocre. La humillación y la bofetada emocional fueron terribles. Lloré como no se imaginan.

Me retiré en ayunos, confundido, aturdido, pero clamé con todo mi corazón pidiéndole al Señor explicaciones. ¡Eran mis sueños de toda la vida! Dios me habló y me dijo que esos no eran sus sueños para mí. Que Él tenía propósitos conmigo de abrir una iglesia en el pueblo de Aibonito, Puerto Rico. Un pueblo de la montaña, donde no tenía familia, ni amigos... En mi corazón pensé que a mí no se me había perdido nada por Aibonito...

Con mucho dolor decidí en obediencia presentar mi currículum como microbiólogo, y de inmediato una compañía farmacéutica que anunció una plaza para la ciudad de Carolina, me llamó a entrevista. El estadounidense que me entrevistó parecía pensativo durante la entrevista. Al final, me dijo que había cambiado de opinión sobre mí, ¡¡¡porque le parecía que yo era el mejor candidato para una plaza de microbiólogo que se acababa de abrir en el pueblo de Aibonito!!! Y que requería una relocalización por la dificultad geográfica de la planta.

Ya se pueden imaginar... ¡por poco me da un síncope! Cuando el hombre ve mi reacción, me dijo que no me preocupara, porque si no podía aceptarla, dejaría abierta mi solicitud para una próxima ocasión. Casi le grito, diciéndole que no, que la aceptaba, que estaba dispuesto a comenzar de inmediato, que no iba a entender qué me pasaba, pero que no se preocupara...

—¡Acepto!

—Pero no hemos hablado de dinero todavía —me dijo.

—Págueme lo que quiera, ¡pero voy para Aibonito!

¿Qué quiero decir con esta historia? Que comprendí la perfecta voluntad de Dios para mi vida; que supe que los sueños de Dios son mejores que los míos. Que aunque no comprendía con claridad cuáles eras sus planes, sabía que todo es mejor cuando obedecemos a Dios en sus planes y propósitos.

¡¡No me van a creer lo que viene ahora!!

Cuando llegué a mi casa, me esperaba una carta. Mi mamá me la entregó con cierto grado de asombro, curiosa por saber cuál sería la naturaleza de la carta, pues provenía precisamente de la universidad donde yo soñaba continuar mis estudios, la misma que me denegó la admisión.

La carta decía que habían cometido un grave error conmigo; que se equivocaron al denegarme, que para compensar la falta me darían una matrícula privilegiada para que pudiera procesar de inmediato la matrícula. Una sensación de espanto me sobrecogió. En ese momento me sentí como Abraham cuando tenía que decidir entre el amor de su hijo Isaac y la voluntad de Dios. Supe lo que tenía que hacer; así que, antes de que pudiera arrepentirme, comencé a romper la carta. Ya saben, las lágrimas corrían por mi rostro, pero mientras la rompía alabé a Dios y adoré su glorioso nombre porque se había hecho su voluntad y no la mía.

Todo el que idolatra su profesión, dedicándole por completo su tiempo, forjándose metas laborales, es capaz de decir que, una vez que alcance lo que desea, es cuando va a servir a Dios. Sin embargo, en el momento en que Dios te llama es cuando debes acudir. Veamos una ocasión en la que Jesús llamó a alguien a seguirle:

Yendo ellos, uno le dijo en el camino: Señor, te seguiré adondequiera que vayas. Y le dijo Jesús: Las zorras tienen guaridas, y las aves de los cielos nidos; mas el Hijo del Hombre no tiene dónde recostar la cabeza. Y dijo a otro: Sígueme. Él le dijo: Señor, déjame que primero vaya y entierre a mi padre. Jesús le dijo: Deja que los muertos entierren a sus muertos; y tú ve, y anuncia el reino de Dios.
Lucas 9:57-60

Jesús no aceptó la excusa de ese hombre. Por lo tanto, no dejemos que nos ocurra algo así ni tampoco lo que le ocurrió a Israel. Cuando Dios los confrontó con el hecho de que tenían que ser hijos de Abraham, eso significaba estar dispuestos a obedecer a Dios. ¿Sabes lo que le contentaron los israelitas a Jesús? Fue algo como esto: «¿Estás cuestionando si tú y yo somos hijos de Abraham o no? Sí, somos de su linaje». Entonces, ¿cuál fue la respuesta de Jesús? «Los verdaderos hijos de Abraham son los que aceptan mi palabra, los que hacen mi voluntad. Esos son los verdaderos hijos de Abraham».

LA OBEDIENCIA, EL VÍNCULO PERFECTO CON DIOS

La desobediencia separó al hombre de Dios cuando Adán, el primer varón creado, desobedeció. Estuvimos separados de Dios hasta que Jesús vino al mundo haciéndose hombre, y de ese modo murió y pagó por nuestra desobediencia. Jesús obedeció al Padre celestial hasta su muerte y resurrección.

En cierta ocasión, la madre y los hermanos de Jesús querían acercársele, pero la multitud que lo rodeaba era tan grande que no podían hacerlo. Entonces, alguien fue y le dio aviso a Jesús: «Tu madre y tus hermanos están parados afuera y quieren verte». ¿Cuál fue la respuesta que le dio el Señor? Aquí la tienes: «Mi madre y mis hermanos son todos los que oyen la palabra de Dios y la obedecen» (Lucas 8:20-21, NTV).

Por lo tanto, debemos preguntarnos si estamos haciendo la voluntad de nuestro Padre. Esto no significa que estemos pecando o no, sino que debemos preguntarnos: ¿En qué estamos invirtiendo nuestro tiempo y esfuerzo? ¿Es lo que Dios desea que hagamos? ¿Estamos siguiendo su voluntad, lo que nos pide en su Palabra?

Dicho de otra manera, nosotros podríamos estar idolatrando cosas sin darnos cuenta. Yo podría estar idolatrando mi ministerio. Hay fama, dinero, y muchas otras cosas, y no sabes cuántas veces me tengo que humillar delante de Dios, para pedirle al Señor: «Calíbrame, Señor. Detenme cuando tú quieras, pues yo me puedo marear. No quiero distraerme para dejar a un lado lo que me mandaste a hacer».

¿Por qué puedo orar por eso? Porque en etapas anteriores de mi vida me di tan duro, que a la fuerza aprendí humildad. Aunque todavía me falta, por lo menos he desarrollado la sensibilidad de reconocer que, en cualquier momento, puedo ser presa de mi propio orgullo. Por eso le he dicho al Señor que cuando me tenga que detener, lo haga; que cuando tenga que terminar la agenda, la pare. Yo no tengo problema con eso, pero Dios nos dice con exactitud lo mismo a todos nosotros. No perdamos esa sensibilidad.

Quiero mostrarles ahora este pasaje bíblico, pues dentro del mismo hay un verso que siempre se ha utilizado con una intención, pero cuando lo vemos en el contexto en que está escrito, nos va a romper la cabeza porque pareciera que Dios se volvió loco. Muchos conocen lo que nos dice 2 Crónicas 7:14 y lo utilizan a menudo:

Si se humillare mi pueblo, sobre el cual mi nombre es invocado, y oraren, y buscaren mi rostro, y se convirtieren de sus malos caminos; entonces yo oiré desde los cielos, y perdonaré sus pecados, y sanaré su tierra.

Sin embargo, aquí tienes el contexto de ese verso tan conocido:

Cuando Salomón acabó de orar, descendió fuego de los cielos, y consumió el holocausto y las víctimas; y la gloria de Jehová llenó la casa. Y no podían entrar los sacerdotes en la casa de Jehová, porque la gloria de Jehová había llenado la casa de Jehová.
2 Crónicas 7:1-2

Salomón estaba haciendo sacrificios y holocaustos. El holocausto es la matanza de animales para hacer un sacrificio agradable a Dios, pues esa era la práctica religiosa de los judíos que ordenó Moisés. Cuando Salomón sacrificó todos esos holocaustos, dicen las Escrituras que Dios no esperó que encendieran el fuego para quemarlos, sino que como le agradaba tanto ese sacrificio, Él mismo prendió el fuego, pues descendió fuego del cielo y consumió el holocausto. Como resultado, el final fue grandioso debido a que la gloria de Jehová llenó la casa: «Y no podían entrar los sacerdotes en la casa Jehová, porque la gloria de Jehová había llenado la casa de Jehová». En realidad, era tan fuerte la presencia de Dios que ni los sacerdotes podían entrar. El verso 3 continúa diciendo:

Cuando vieron todos los hijos de Israel descender el fuego y la gloria de Jehová sobre la casa, se postraron sobre sus rostros en el pavimento y adoraron, y alabaron a Jehová, diciendo: Porque él es bueno, y su misericordia es para siempre.

Sería maravilloso que eso ocurriera en cada culto y en cada reunión donde nosotros juntos, como pueblo, invoquemos la presencia de Dios sacrificando y rindiendo todo lo que está en nuestro corazón. Si somos de veras conscientes que dondequiera que estén dos o más creyentes reunidos en su nombre su presencia llena ese lugar, buscaríamos humillarnos y postrarnos delante de su presencia. ¿Por qué? Porque si fuéramos capaces de ver el mundo espiritual, muy pocos se atreverían a estar de pie ante tanta santidad, ante tanta hermosura y ante tanta gloria.

Muchas veces, por causa de que no lo vemos con nuestros ojos naturales, mantenemos una postura erguida. Si le damos a Dios la gloria, aplaudimos y levantamos las manos, pero no reconocemos que es necesario que nos humillemos delante de Él, no estamos llegando muy lejos. En realidad, humillarnos ante Dios nos hace moldear nuestro carácter y ser más sensibles a su voz. Humillarnos delante de Dios aleja el orgullo que es un sentimiento muy dañino, y este es un proceso necesario. Es ideal hacerlo por cuenta propia y no que circunstancias más dolorosas quebranten nuestro orgullo. Dios va a quebrantar el orgullo, pues Él nos ama y no quiere que nos alejemos del corazón de Jesús. Por lo tanto, va a permitir alguna prueba hasta que doblemos las rodillas.

Los prudentes y entendidos saben que debemos mantenernos humildes. Debemos humillarnos delante de Dios en privado y en público. Es hermoso ver a un pueblo entero humillarse delante de la presencia de Dios. En cambio, quienes solo lo hacen en privado, podrían estar lidiando con una raíz de orgullo.

LA CULPABILIDAD

Hay personas que dicen: «Estoy tan mal que yo no voy a hacer un papel de hipócrita. Así que vengo aquí para ver si Dios hace algo conmigo». La culpabilidad nos hace sentirnos indignos hasta para adorar a Dios, pero nada más lejos de la realidad. Si nos humillamos y reconocemos nuestros pecados, Dios nos perdona y nos libera de esa culpa. Si le pedimos ayuda a Dios, Él nos dará su Santo Espíritu para que nos consuele y nos ayude para no seguir pecando.

Aunque sea difícil de creer, lo cierto es que ahí postrados a los pies de Dios es cuando somos más fuertes, es cuando estamos más lejos de caer. Aunque te sientas miserable por haber pecado, por haber desobedecido o por la circunstancia que sea, ve a una esquina, humíllate delante de Dios y pídele perdón, pues Él te va a socorrer allí en tu caída. Entonces, cuando te levantes del piso, alza tus manos al cielo y glorifica a Dios, *descompónte* adorando al Señor. Puesto que no es una hipocresía levantarte de un momento de humillación y de arrepentimiento con un corazón limpio, porque antes de levantarte, Dios te limpió y perdonó.

Volvamos al verso cuatro de este pasaje:

Entonces el rey y todo el pueblo sacrificaron víctimas delante de Jehová. Y ofreció el rey Salomón en sacrificio veintidós mil bueyes, y ciento veinte mil ovejas; y así dedicaron la casa de Dios el rey y todo el pueblo.
2 Crónicas 7:4-5

Más adelante, en los versos 13 y 14, Dios le hablaba a un pueblo arropado por un avivamiento. Había una presencia de Dios espectacular, un espíritu de consagración extraordinario, gente que se dedicaba a Dios de una forma increíble, y a Él le agradaba todo lo que estaba ocurriendo.

Ahora, viene lo extraño, pero muy revelador. Reconociendo Dios lo duro que puede llegar a volverse nuestro corazón cuando somos bendecidos, viene la abundancia, se cumplen las promesas extraordinarias de Dios, puede haber un efecto adverso. Aunque en este pasaje Dios le habla a gente consagrada, lo hace con palabras de advertencia, y aunque da la impresión de que Dios no estuviera viendo el esfuerzo del pueblo, como si no estuviese viendo la realidad de lo que sucedía en ese momento, les manda a humillarse y pedir perdón.

Si yo cerrare los cielos para que no haya lluvia, y si mandare a la langosta que consuma la tierra, o si enviare pestilencia a mi pueblo; si se humillare mi pueblo, sobre el cual mi nombre es invocado, y oraren, y buscaren mi rostro, y se convirtieren de sus malos caminos; entonces yo oiré desde los cielos, y perdonaré sus pecados, y sanaré su tierra.

Ahora estarán abiertos mis ojos y atentos mis oídos a la oración en este lugar; porque ahora he elegido y santificado esta casa, para que esté en ella mi nombre para siempre; y mis ojos y mi corazón estarán ahí para siempre.

Y si tú anduvieres delante de mí como anduvo David tu padre, e hicieres todas las cosas que yo te he mandado, y guardares mis estatutos y mis decretos, yo confirmaré el trono de tu reino, como pacté con David tu padre, diciendo: No te faltará varón que gobierne en Israel.

Mas si vosotros os volviereis, y dejareis mis estatutos y mandamientos que he puesto delante de vosotros, y fuereis y sirviereis a dioses ajenos, y los adorareis, yo os arrancaré de mi tierra que os he dado; y esta casa que he santificado a mi nombre, yo la arrojaré de mi presencia, y la pondré por burla y escarnio de todos los pueblos.

Y esta casa que es tan excelsa, será espanto a todo el que pasare, y dirá: ¿Por qué ha hecho así Jehová a esta tierra y a esta casa?

Y se responderá: Por cuanto dejaron a Jehová Dios de sus padres, que los sacó de la tierra de Egipto, y han abrazado a dioses ajenos, y los adoraron y sirvieron; por eso él ha traído todo este mal sobre ellos.

2 Crónicas 7:13-22

Dios quiere mostrar su gloria en tiempos difíciles. Él siempre provee y realiza milagros en las vidas de las personas que le aman y sirven. Además, quiere cumplir tus sueños cuando sueñas con Él. Aun así, Dios te dice:

«No te olvides de todo lo que ya he hecho por ti. No te olvides de los pecados de los que ya te libré. No te olvides de las sanidades que he traído a tu vida. No te olvides de cuántas veces te saqué de crisis, de cuántas veces respondí a tu clamor. Cuando estés en ese lugar y disfrutes de todo lo que voy a hacer, no te olvides de Jehová tu Dios. No te olvides de humillarte, ayunar, como tuviste que hacerlo cuando estabas en necesidad, a fin de que no te olvides meterte en mi Palabra y buscar respuesta. Entonces, cuando te bendiga ahora y te ponga en un lugar excelso, que no se te olvide buscar y consultar mi Palabra, e invocar la sabiduría del cielo. ¡Que no se te olvide! Porque para mantener todo lo que yo te voy a dar, vas a necesitar mucho de mí. Para mantener incluso lo que yo le he dado a tu vida personal, tú vas a necesitar mucho de mí».

LISTOS PARA RECIBIR

Dios desea que recibamos todas las bendiciones que tiene para nosotros. Él nos bendice con un propósito universal, no solo para que disfrutemos de las cosas que nos da, sino para que seamos de bendición a otros.

Sanad enfermos, limpiad leprosos, resucitad muertos, echad fuera demonios; de gracia recibisteis, dad de gracia.
Mateo 10:8

Todo lo que Dios nos da es para que podamos compartirlo desde cualquier punto de vista, desde cualquier posición. Para esto, debemos desarrollar un corazón generoso y obediente.

Ese verso de Mateo habla de todas las cosas que poseemos como hijos de Dios, los atributos que Él ha depositado en nosotros, los seguidores de Jesús. Esas bendiciones quizá no se correspondan de forma directa a todos tus deseos personales, pero son un tesoro. Comenzando por el conocimiento de la verdad la cual debemos, según se nos ordena, llevársela a quienes no la conocen, hasta todo lo que podemos lograr en Cristo. Eso es ocuparnos, como hijos, de los asuntos de nuestro Padre celestial.

> *Deléitate asimismo en Jehová, y él te concederá las peticiones de tu corazón.*
> Salmo 37:4

Cuando damos, recibimos. Cuando entregamos, Dios concede. Cuando nos rendimos a Dios, somos transformados y Él nos convierte en recipientes de su grandeza. Dios sabe cuándo estamos listos para recibir las bendiciones que nos ha guardado para poder multiplicarlas. Él todo lo sabe, lo ve, lo entiende... ¡y todo lo bueno viene de Él!

---

* *Cantazo*: Golpe; «a golpe limpio».

Capítulo 5

UN LÍDER AMA CON EL VERDADERO AMOR DE DIOS

E n la Biblia, Dios nos dejó la definición acerca del amor y de cómo debemos amar.

> *El amor es sufrido, es benigno; el amor no tiene envidia, el amor no es jactancioso, no se envanece; no hace nada indebido, no busca lo suyo, no se irrita, no guarda rencor; no se goza de la injusticia, mas se goza de la verdad. Todo lo sufre, todo lo cree, todo lo espera, todo lo soporta. El amor nunca deja de ser; pero las profecías se acabarán, y cesarán las lenguas, y la ciencia acabará.*
>
> 1 Corintios 13:4-8

«El amor es sufrido». ¡Qué interesante es este verso! No es una frase que vemos en la poesía del mundo ni en las canciones. Al amor no se le pinta de esa forma, más bien se le dibuja como algo sublime, elevado, emocionante. De seguro que tiene todas estas características, pero también es sufrido. Este concepto viene del Espíritu Santo.

La Biblia también dice que el amor es benigno y puro, sin envidia. El que ama está dispuesto a sufrir esperando por el fruto del precio pagado. Está dispuesto a negarse a sí mismo en circunstancias extremas y en la cotidianidad. Por ejemplo, cuando el marido no le nace ser romántico, pero sabe que tiene que serlo; o cuando la esposa está cansada, pero su esposo le pide intimidad. Parece simple, pero no siempre lo es, porque el ejercicio del amor en el matrimonio implica posponernos a nosotros mismos en muchas ocasiones.

El que ama de verdad sabe devolver cariño cuando sufre un rechazo. El que ama no se siente incómodo cuando ve al otro tener éxito. Sobre todo, es sufrido, pues el verdadero amor duele. El que ama no es superficial. Ama en profundidad y sabe demostrarlo. Esta definición bíblica del amor va por muchos aspectos que refuerzan el concepto y la medida en la que Dios desea que amemos:

No hace nada indebido, no busca lo suyo, no se irrita, no guarda rencor.

El amor no hace nada indebido ni busca lo suyo, pero ahora lean bien: ¡No se irrita ni guarda rencor! El que ama no se goza teniendo la razón, por eso el que más ama regresa a pedir perdón. Un esposo y padre que ama no hace nada que exaspere a su cónyuge ni a sus hijos. El líder que ama, por otro lado, soporta, entiende y espera ver el fruto de su amor en sus discípulos.

Todo lo sufre, todo lo cree, todo lo espera, todo lo soporta.

El que ama se interpone para que el amado no sufra, se sacrifica. El que ama confía y no tiene ataques de celos, porque cree en la fidelidad de su cónyuge. Todo lo cree, todo lo espera, no se impacienta. Espera confiado. Aguanta, espera, soporta, porque ama.

Este amor viene inspirado por el Espíritu Santo de Dios, y solo a través de Dios podemos amar así. Esto viene de un entendimiento del amor de Dios en nuestra vida, pero muchas veces no actuamos en esta dimensión de amor, sino que más bien amamos por retribución. Darle amor a quien no lo merece no es fácil desde el punto de vista humano. Entonces, cuando recordamos que Dios nos amó hasta entregar a su Hijo para que nos salvara sin que lo mereciéramos, bajamos la cabeza y entendemos que debemos dar por gracia lo que por gracia hemos recibido.

El amor nunca deja de ser.

No podemos pensar que porque ya nuestra esposa, o el esposo, no se vea igual o no nos habla igual, el amor se va a desvanecer. No, *el amor nunca deja de ser*. El amor se empaña de cosas por el camino, pero ahí está en algún lugar. A veces hay que desenterrarlo, pero el amor de verdad nunca deja de ser. Para el líder también existen períodos en los que merma la pasión. Muchos han sentido deseos de entregar la iglesia o de salir corriendo. En cambio, el amor por nuestros discípulos permanece porque está pegado a nuestro llamado. Así que es posible que necesite recargarse y renovarse esa pasión por el pastorado.

Hay quienes han perdido el primer amor en sus matrimonios o en sus ministerios. Para esos casos, hay una fórmula bíblica fabulosa que nos da los pasos para recuperar el primer amor. Se trata del mensaje a la iglesia de Éfeso, a quienes Dios lo primero que les pidió fue que se arrepintieran por haber dejado enfriar ese primer amor con el Señor.

> *Tengo contra ti, que has dejado tu primer amor. Recuerda, por tanto, de dónde has caído, y arrepiéntete.*
> Apocalipsis 2:4-5

Si sientes que estás cerca de esa posición, o podrías estarlo, corre, arrepiéntete. Ese es el primer paso. Si sientes que has perdido el primer amor en tu matrimonio, primero arrepiéntete. Al igual que en el matrimonio, el líder quizá deba arrepentirse por haber perdido el deseo de enseñar, de predicar, de escuchar a las personas. La pasión del líder a veces se enfría por las pruebas tan duras que pasa o por el hecho de que el cansancio lo agobia. También puede ser que se distraiga en las ocupaciones del ministerio y reduzca su tiempo a solas con el Señor. En todos estos casos, el arrepentimiento es el primer paso.

Luego, el Señor les mandó a *recordar*. Dentro del matrimonio, eso significa que debemos recordar las cosas que nos hacían bien a ambos. Cómo nos enamoramos, cómo deseábamos predicar la Palabra de Dios, el ministerio que Dios nos ha concedido ahora. Todo esto debe respaldarse con acciones, oportunidades de renovar el entusiasmo. La rutina de la vida nos puede aplastar y hacernos decaer, pero la intencionalidad de buscar estas oportunidades nos ayuda a reconectarnos con la pasión por el servicio, con el amor por nuestros cónyuges, con el sentido de la vida.

El que está dispuesto a entender la definición de lo que es el amor, sabrá que es importante que aprenda a tomar dominio de su ser. Me gusta la historia del rey David. La Escritura dice que era un hombre con un corazón conforme al corazón de Dios. Él le hablaba a su alma. En muchas ocasiones le dio órdenes, como: «Guarda silencio» o «¡Bendice, alma mía, al Señor!».

La Palabra de Dios separa el alma del espíritu. Cuando decimos: «Siento que no debo hacer esto...», es el alma hablando, y el alma está tan ligada a la carne que se produce una reacción completa en cuerpo y alma, asentada en ese pensamiento negativo. Entonces, ¿qué sucede cuando la Palabra de Dios penetra en tu corazón? Le llega a tu espíritu esa parte de ti que siempre está dispuesto, que siempre cree y se anima en las promesas del Señor.

Una vez que logramos esa separación del alma y el espíritu, sentimos el deseo donde la carne nos hala hacia lo negativo, nuestra alma se identifica con lo negativo y reaccionamos en esa dirección. En cambio, si independientemente de eso ponemos nuestros ojos en Dios, le creemos a Él y su Palabra, se activa esa fe y perseverancia que viene de Dios. Así que actuaremos conforme a nuestro espíritu que sabe lo que debemos hacer, lo que nos conviene y lo haremos con gozo. Necesitamos amar la Palabra de Dios y entender que nuestro espíritu debe dominar sobre el alma y el cuerpo.

Recuerdo que después de todos los milagros que Dios hizo en mi relación con mi papá, hubo un momento en que eso se dañó. Lo que sucedió fue que mi papá se enteró de que dondequiera que iba, hablaba de él, contaba el testimonio de cómo nos reconciliamos después de todos los problemas que tuvimos antes y, en especial, una vez que me convertí a Cristo. Me imagino que debió haber visto algunos mensajes míos en «YouTube» y se enojó mucho conmigo. Lo supe, porque me lo dijo mi hermana llorando de la tristeza.

—Tranquila —le dije—, no te preocupes. Me voy a montar en un avión y lo voy a ir a visitar.

—No hagas eso, deja que pase un tiempo —me respondió mi hermana asustada.

—¡Voy a ir ahora!

—Yo voy contigo —me contestó.

Mi hermana estaba nerviosa. Le daba pánico el enojo que tenía mi papá. Cuando llegamos a la casa, se quedó en el auto. Entonces, yo fui y toqué a la puerta. Toqué el timbre repetidas veces... ¡y nada! En eso, miro por el cristal de la ventana y lo veo que me observaba. Me hizo un gesto con las manos de que me fuera.

Yo sonreí, volví a la puerta y seguí tocando, lo hice repetidas veces, hasta que mi padre abrió la puerta, muy enojado. Se puso en medio, agarrando cada marco de la puerta con sus manos para bloquear mi entrada. Allí pensé: «Estás en la posición perfecta para darte un abrazo». ¡¡Y eso hice!!

—¡Te amo! —le dije mientras lo abrazaba.

—Suéltame —me dijo forcejeando para escaparse de mi abrazo.

Yo no estaba dispuesto a soltarlo y le pedí perdón, le pedí que me dejara pasar.

—Papá, tú sabes que yo he tenido que hablar de todo lo que vivimos nosotros, pero también debes saber que honro tu vida. Hablo de tu arrepentimiento, del milagro de nuestra reconciliación. La gente se salva porque nace una esperanza en su vida. Veo a cientos de jóvenes venir al frente del altar y los veo acercarse a sus padres para reconciliarse. Nuestro testimonio se ha convertido en algo glorioso.

En eso, salió la señora con la que vivía y se paró allí. Le pedí perdón también a ella por haberla llamado víbora en mi disgusto por su participación en nuestros problemas de familia. Esa era la parte no muy afortunada del testimonio... A esta señora le costó perdonarme, porque le resultó muy duro que la llamara así. De modo que la abracé y le pedí perdón de nuevo. Entonces, mi padre se convirtió en mi abogado, explicándole a ella que yo me había arrepentido de haberla llamado así.

Si se trata de perdonar por ser un buen cristiano, yo perdoné a mi padre. Sin embargo, Dios me pidió más, me pidió que fuera a su casa, que me reconciliara, que perdonara a la que ahora era su mujer. Y lo hice. Ahora bien, si seguía enojado, ese sería su problema, pues yo hice lo que Dios me pidió y lo hice de corazón.

En ese marco, Dios me mostró que su amor es insistente. Estoy seguro que muchos de nosotros conocemos al Señor porque Él fue obstinado, trató y trató, hasta que nos rendimos. El Señor no nos quiere enseñar a amar como los humanos, sino como ama Él. Ama de manera obstinada en la dirección que te indique Dios.

EL BALANCE DEL AMOR.

Cuando hablamos de amor, también es muy necesario destacar que el verdadero amor tiene balance. Creo que es muy necesario darle balance y que lo practiquemos a la luz de las Escrituras. Hay muchos creyentes que cuando oyen hablar sobre el tema del amor, incluso cuando leen en las Escrituras sobre el amor, lo idealizan tanto como el mismo concepto del amor, pero no lo anclan. Es fácil idealizar el concepto del amor en pareja, pero si no buscamos su raíz en las Escrituras, convertiremos ese sentimiento en algo que no tendrá la trascendencia que esperamos todos. Sin embargo, puede llegar a extremos que tampoco son positivos. Para este balance, y para casi todo en la vida, necesitamos orar y pedirle a Dios sabiduría.

Para los líderes, enseñar sobre el amor, el matrimonio, el sufrimiento por amor y las decisiones que se toman por amor, puede ser un gran reto. Cuando las emociones de las personas a quienes debemos ministrar y guiar están comprometidas, no solo nos hace falta el conocimiento bíblico, puro, no alterado y una gran habilidad para enseñarlo aplicado a la situación de cada persona que nos pide un consejo. Nos hace falta también convertirnos en analistas del comportamiento humano a través de la sabiduría y del discernimiento que nos da el Espíritu Santo. De esa manera, logramos asomarnos a los rinconcitos de cada corazón y determinar lo que Dios está mostrando y lo que está queriendo hacer con esa persona.

Aun para los líderes, el concepto del amor, y la forma en que lo practican, necesitan estar dentro del balance de las Escrituras y el orden divino de amar a Dios por sobre todas las cosas. Luego, debemos amar a nuestros semejantes, poniendo a nuestra familia en primer lugar y justo después a la familia de la fe, nuestros discípulos, las ovejas que nos ha entregado Dios. A todos debemos amarlos como a nosotros mismos.

El amor en el orden de Dios establece también prioridades, por eso en este libro enfatizo que primero debemos estar bien con nosotros mismos, luego establecer el bienestar en nuestra casa, con nuestra familia, nuestras esposas y nuestros hijos, y a continuación dedicarnos a establecer el amor en nuestra congregación, y esto es una gran responsabilidad. El balance en nuestro amor por el liderazgo, colocándolo en el lugar adecuado según el orden de Dios, nos va a dar estabilidad, autoridad y, sobre todo, lo que más necesitamos: el respaldo de Dios.

El balance de cada cosa en la vida lo encontramos en las enseñanzas que Dios nos ha dejado en la Biblia. Para enseñar sobre el balance del amor, recomiendo un pasaje bíblico que es muy clásico y que muchos conocen. Solo con este pasaje bíblico podríamos interpretar muchas cosas como es debido.

> *Si alguno dice: Yo amo a Dios, y aborrece a su hermano, es mentiroso.*
> *Pues el que no ama a su hermano a quien ha visto, ¿cómo puede amar*
> *a Dios a quien no ha visto?*
> 1 Juan 4:20

Este pasaje encierra mucha verdad. No es posible que le digamos a Dios: «Señor, yo te amo y tú eres lo máximo para mí aunque nunca te he visto, pero no soy capaz de amar a quien se acuesta conmigo todas las noches... o a quien convive conmigo en casa que se llama mi papá, que se llama mi mamá, que se llaman mis hermanos».

Lo triste es que existen personas que aborrecen a los miembros de su familia. Por esa razón se divorcia la gente... pues terminan aborreciendo a su mujer o porque terminan aborreciendo a su esposo. También la Escritura es muy clara al decir que no puedes aborrecer a tu hermano. Ahora bien, ¿quién es mi hermano?

Muchos creyentes se llaman hermanos entre sí. Entonces, debemos preguntarnos: ¿Quiénes deben considerarse nuestros hermanos? ¿Son los que han sido lavados por la sangre de Cristo? ¿Son solo esos? ¡No! La Escritura dice que mi hermano es mi prójimo. Es la persona más cercana que tengo a mi alrededor... y si ese prójimo es mi hermano, todo el mundo a partir de allí es mi hermano. Por lo tanto, ese vínculo de hermandad nos abraza a todos, porque nos creó el mismo Dios.

Existen seres humanos que no han entregado su corazón a Jesús para convertirse en hijos de Dios, pero aun así son sus criaturas, fueron creados por nuestro Padre celestial, eso ya los constituye en mis hermanos. La Escritura dice en este pasaje que yo no tengo derecho a aborrecer a nadie.

EL AMOR INCONDICIONAL

Enseño sobre el amor de Dios que es incondicional, sobre nuestra responsabilidad de amar a los demás y hago énfasis en hacerlo a la luz de las Escrituras. Una de las razones por las que hago énfasis en este mensaje es porque muchas personas, a través de las redes sociales, me escriben y me hacen preguntas sobre distintos aspectos del amor. Las interacciones en mis redes son muy variadas. Si bien algunos desean aclarar sus dudas, otros hasta me predican y me dan lecciones. El otro día, el tema era precisamente acerca del amor incondicional. Hablamos de perdón, de olvidar y de amar hasta el final. Todos esos conceptos son acertados.

Entonces, surgió el comentario de alguien que expresaba que por amor tienes que soportar lo que sea necesario, sin importar de lo que se trate. Eso es cierto en un sentido, pero consideré apropiado hacer la aclaración, así que le dije: «También las Escrituras enseñan otras cosas sobre el amor, y la Biblia habla de manera específica de temas que tienen que ver con la dignidad del ser humano. De modo que todo el que ama, debe hacerlo con dignidad». Debí aclarar este punto debido a la situación abusiva de la cual estaba siendo víctima esa persona.

Este es un aspecto triste y delicado, debido a que algunas personas están convencidas que deben quedarse en una relación abusiva y seguir amando. Ese es un extremo que lamentablemente ha cobrado vidas. Es un flagelo que distorsiona la realidad y el concepto de amor y familia para los que crecen en hogares disfuncionales.

A fin de poder encontrar un balance en el amor es necesario ir a las palabras de Jesús, a quien los religiosos de la época procuraban tentar, confundir o usar sus palabras para poder acusarle de algo. Entre varias cosas, le preguntaron cuál era el gran mandamiento en la ley. Muchos esperaban que Jesús contradijera la religión de la época, pero esto fue lo que les respondió:

> *Jesús le dijo: Amarás al Señor tu Dios con todo tu corazón, y con toda tu alma, y con toda tu mente. Este es el primero y grande mandamiento. Y el segundo es semejante: Amarás a tu prójimo como a ti mismo.*
> Mateo 22:37-39

Ese amor que Dios espera de nosotros hacia nuestro prójimo tiene que manifestarse a través de un amor propio que también debe tener un balance. Ese balance se establece aquí:

> *Amarás a tu prójimo como a ti mismo.*

No dice que lo ames más que a ti mismo. Dice que lo ames como a ti mismo. En otro pasaje del libro de Mateo, luego de exhortar a los creyentes a orar y pedirle al Padre lo que necesitaren, Jesús lo vuelve a mencionar:

Así que, todo lo que quieran que la gente haga con ustedes, eso mismo hagan ustedes con ellos, porque en esto se resumen la ley y los profetas.
Mateo 7:12, RVC

Una vez más nos habla de tratar al prójimo como nos tratamos a nosotros mismos o como deseamos que nos traten. Este es el balance. Visto de esa manera, no podemos seguir dándole amor a una persona que nos destruye, que nos golpea. Podemos seguir amándole, pero no podemos darle lo que nos pide, porque no nos estaríamos amando a nosotros mismos y, como resultado, se rompería el balance.

Entonces, ¿qué ocurre? Cuando la gente no tiene el balance de la sabiduría y no conoce las Escrituras, puede ser que ame de manera indigna; es decir, saca el amor del contexto bíblico. Al sacarlo del contexto bíblico, ese amor se puede convertir en una atadura, en idolatría y en una codependencia emocional que cualquier psicólogo cristiano o no cristiano puede reconocer como una relación enfermiza y que está saturada de toxicidad.

Cuando existe ese tipo de relación donde uno de los participantes de la misma es agresivo y maltratador, nadie está obligado a aguantar eso, porque eso raya en idolatría. En otras palabras, esto se manifiesta cuando amamos o adoramos tanto a una persona que no nos importa el daño que nos hace ni cómo nos trata.

En algunas ocasiones, cuando a Jesús trataron de golpearlo, Él no se quedaba allí. La Escritura dice que huía de ese lugar, se escapaba y no lo podían agarrar. Por ejemplo, cuando trataron de lanzarlo desde el monte del Precipicio, también se fue y salvó su vida en ese momento, pues su ministerio todavía debía continuar en esta tierra.

Lo lamentable es que algunas personas han malinterpretado las Escrituras, se quedan en el lugar donde le golpean, maltratan o sufren abusos, y no se mueven. Tienen la concepción errónea de que el amor de Dios les dice que tienen que soportarlo todo, porque el amor... ¡todo lo soporta!

UN LÍDER AMA CON EL VERDADERO AMOR DE DIOS

Es muy importante considerar cada uno de los principios bíblicos, y más aún cuando se trata del amor. En realidad, desde el Antiguo Testamento, Dios define de manera adecuada lo que es el amor. Antes de instituir esta relación de igualdad entre nuestro amor propio y el amor al prójimo, lo que estableció Jesús fue que nuestro amor por Dios debe ser más grande y más importante.

Debemos aprender a amar a Dios más allá de lo que nos amamos a nosotros mismos. Si Dios hace las cosas como queremos, o las hace diferentes a la manera en que queremos, tenemos que amarlo sin importar lo que haga. Aunque nos parezca injusto lo que nos pide, tenemos que amarlo con un corazón piadoso, y eso implica obedecer. Amar a Dios significa sujetarse a su voluntad, aunque la misma vaya en contra de nuestros propios intereses. Muchos cristianos continúan entregando su vida por amor a Dios en distintos lugares del mundo. Sin embargo, la falta de amor entre los seres humanos es cada vez más evidente. Por eso es que, en los últimos tiempos, he sentido una gran necesidad de darle balance al tema del amor.

Volviendo a la interacción con las personas que me escriben, una señora me dijo un día: «Pastor, estoy confundida porque yo escuché su mensaje sobre el amor incondicional. Me siento confundida, pues creo que lo escuché porque esa es precisamente mi situación...».

Yo había estado hablando sobre las circunstancias que muchos vivimos en nuestros hogares, sobre todo cuando somos hijos de padres que nos maltratan. Incluso, a veces, los padres pueden ser injustos y atacar nuestra fe. El punto es que estaba hablándole a ella sobre el contexto de mis padres y las experiencias que viví en mi hogar... cuando quise salir de mi casa porque no quería soportar tanto maltrato, tanta pelea y tanto rechazo. Cuando me convertí, eso no representó una alegría para mi familia; por el contrario, se desató una verdadera guerra en mi contra. No estaban de acuerdo con que fuera a la iglesia, no querían escuchar hablar de Jesús, y llegaron al punto de maltratarme de manera física y verbal. Yo no quería soportar eso y pensé en irme de la casa.

Así que le dije a Dios: «Señor, me voy a ir de la casa y ya tengo a donde ir, porque una familia está dispuesta a darme albergue en su casa... ¡y yo me voy a ir!». De inmediato, el Espíritu Santo me dijo: «¡Tú no vas para ningún sitio!». Entonces, comenzó esta conversación con Dios:

—Señor, no me castigues. ¿Qué te he hecho yo para que tú quieras castigarme?

—No es castigo, esa no es la razón por la que quiero que te quedes en tu casa.

—Pero Señor, ¡estoy sufriendo aquí!

—¡Sí, lo sé! Por eso estoy contigo y me he manifestado a ti. Por eso es que yo derramo sobre ti mi gracia y mi amor, y no te ha faltado mi compañía... ¡no te ha faltado! Yo me he manifestado en lo sobrenatural en tu vida para que no te falten las fuerzas. Necesito que tú sufras agravios en tu casa por amor de tu familia, porque tengo planes con ellos, porque hay almas que necesitan salvación dentro de tu familia, así que tienes que sufrir, es necesario. Tienes que soportar lo que está ocurriendo en este momento.

No entendí, pero tenía que obedecer. Claro está, el tipo de maltrato que sufría no era extremo. A mí no me encadenaban ni me encerraban en una habitación. A mí no me daban latigazos, ni me cortaban, ni me violaban, sino que vivía lo que muchas familias pueden vivir en un ambiente hostil, lleno de ira, de constantes reproches, un ambiente de mucha presión y de rechazo al evangelio.

El Señor me habló y me dijo que tenía que aprender a amar de manera incondicional a mis padres y a mis hermanos, y que yo tenía que soportar lo que fuera porque mientras yo lo soportara, el Espíritu Santo iba a trabajar con los miembros de mi familia.

Yo empecé a ayunar y a orar constantemente por ellos. Mi madre se enojaba al verme ir a la universidad sin comer nada. Un día dijo que cuando yo llegara, me iba a ayudar a morir, si eso era lo que estaba buscando cuando había dejado de comer. Eso significaba que me iba a dar una «pela», como dicen por mi tierra. A ella no le importaba mi tamaño ni que ya estuviera en la universidad, pues era muy agresiva. Sin embargo, ese día el Señor me pidió que entregara el ayuno. Así fue, y cuando llegué a la casa, le dije a mi mamá que iba a comer. Ese día tenía decidido invitarla a una campaña evangelística.

En mi casa se encontraba un plomero reparando una filtración en la pared. Mi madre estaba malhumorada porque la pared no iba a estar lista ese día. Resultó que el plomero que estaba allí era cristiano, conversamos y de inmediato él se dio cuenta de la situación. Ese hombre puso sus manos sobre la pared y oró. Luego, le dijo a mi madre que no se preocupara, que la pared no iba a seguir filtrando. En efecto, eso sucedió. De ese modo mi madre se tranquilizó y, para mi sorpresa, me acompañó a esa campaña.

Mi hermano fue uno de los últimos en aceptar al Señor. Fue diecisiete años después que yo le entregara mi vida a Cristo. Era uno de los más duros. Me rechazaba y repudiaba de muchas maneras, y lo demostraba. Sin embargo, cuando comenzó a tener dificultades con sus hijos, siendo padre de cuatro, empezó a sentirse derrotado como padre, quizá también como esposo, y ocurrió algo.

En una ocasión, mientras pasaba por un tiempo depresivo, encontró en su casa un videocasete titulado: «Cómo salir de la crisis familiar», así que lo puso sin saber de qué se trataba. Para su sorpresa, se encuentra con una grabación mía, de un retiro de matrimonios, ya que su esposa había guardado ese vídeo. Prosiguió a escuchar el mensaje, y cuando terminó la conferencia, en la misma sala de su casa cayó de rodillas llorando y diciéndole a su esposa a gritos que por favor me llamara, que buscara la manera de conseguirme para verme, que él quería hablar conmigo. Su esposa me llamó y de inmediato yo decidí tomar un vuelo interno en la isla.

Cuando me buscó al aeropuerto, en plena calle me abrazó, lo cual nunca había hecho en su vida, y llorando me pidió que orara por él, porque quería entregarle su vida a Cristo. Desde ese día, mi hermano persevera en los caminos de Dios. Hoy es pastor de una de nuestras iglesias y tenemos una relación espectacular. Nos amamos muchísimo y nos tenemos un profundo respeto el uno al otro, cosa que nunca existió antes.

Cuando Dios me pidió que me quedara en casa, aguantando todo aquello, yo no podía imaginar lo que Él tenía en mente, ni cuáles eran sus planes. Dios quería que mi testimonio sirviera para mostrarle su amor a mi familia.

LO QUE DIOS DICE SOBRE EL DIVORCIO

Esto que ocurrió en mi vida tiene una base bíblica y un respaldo que hace que todo cobre sentido, y de eso les hablaré más adelante. Entonces, volviendo al caso de la señora que me escribió por Facebook, ella me dijo lo siguiente: «Mi esposo me golpea y en ocasiones me ha amenazado que me va a matar. Mi esposo me maltrata sexualmente, pero además de eso, tiene otra mujer. Adultera en la calle y sin ocultar su vida sexual corrupta. Después de escuchar su mensaje, no estoy segura si debo aguantar esto... si debo quedarme aquí y esperar a que Dios haga la obra y salve a mi marido».

Le dije a esta dama que no tenía por qué aguantar ni soportar esa situación, pues permitirla era indigno. Dios no le va a pedir a ninguna hija del reino de los cielos que la ultrajen, que tenga que aguantar golpes ni que pongan incluso su vida en peligro.

Tampoco le va a exigir a ninguna mujer que la usen como un objeto sexual. Lo cierto es que cuando un hombre que tiene mujeres en la calle viene después a su casa para acostarse con su esposa, la está usando como un objeto sexual, al igual que a cualquier otra mujer que involucra en su vida desordenada. Le reafirmé su identidad como hija de Dios y la exhorté a darse a respetar.

Este pasaje bíblico en Filipenses nos aclara algo importante que tiene que ver con el amor, y dice así:

> Porque Dios me es testigo de cómo os amo a todos vosotros con el entrañable amor de Jesucristo. Y esto pido en oración, que vuestro amor abunde aun más y más en ciencia y en todo conocimiento, para que aprobéis lo mejor, a fin de que seáis sinceros e irreprensibles para el día de Cristo.
>
> Filipenses 1:8-10

Vamos a darle interpretación o, mejor dicho, definición a estas palabras. En el verso 9, el apóstol está diciendo que su oración a Dios es que el Espíritu Santo les ayudara a crecer en el amor. Sin embargo, ese amor debe tener estas dos cualidades: Un amor que crezca en ciencia y un amor que crezca en todo conocimiento.

LA CIENCIA DEL AMOR

La palabra «ciencia» en el contexto espiritual significa revelación. Por lo tanto, a la hora de amar, vamos a necesitar revelación del Espíritu Santo, porque van a haber circunstancias en las que no vamos a saber cómo actuar. Incluso, nos podemos sentir como si estuviéramos por debajo de la rueda que nos está pasando por encima. Muchas veces esto se traduce en dolor, tristeza y hasta depresión. Otras veces, se manifiesta en todas las cosas que se pueden sentir cuando se vive en tiempos tan duros y difíciles que no nos dejan ver con claridad. Ya sea que se trate de una crisis matrimonial o de cualquier otro conflicto, necesitamos al Espíritu Santo de Dios para que nos ayude a encontrar una salida.

La ciencia para saber cómo amar y escoger lo mejor no es otra cosa que la revelación del Espíritu Santo. Eso fue lo que yo experimenté cuando Dios me pidió que no abandonara mi hogar, a pesar de lo que estaba sufriendo. Dios me habló del propósito que tenía con mi actitud humilde dentro de mi familia y, de esa forma, Él trabajaba con los corazones de mis padres. Ellos no entendían por qué me quedaba en casa aguantando y eso los impresionaba, pero por sobre todas las cosas, Dios estaba obrando. Ahí hubo ciencia y, por causa de la ciencia, pude quedarme, obedecer y ver la mano de Dios cumplir sus promesas. Es más, Dios también me estaba formando a mí.

Parte del concepto de la palabra ciencia dice que es un conjunto de conocimientos que se obtienen mediante la observación y la experimentación, la explicación de sus principios y causas, así como la formulación y verificación de las hipótesis.

Yo necesitaba experimentar el poder de su amor transformador, las fuerzas que el Espíritu Santo me daría y la forma en que mi carácter se transformaba para servirles de testimonio. Por eso, Dios me pedía que me quedara, para que también observara su obra en mi familia y fuera testigo del cumplimiento de su promesa.

EL CONOCIMIENTO APLICADO A LAS DECISIONES

Dios nos dice que el amor debe crecer en ciencia, pero también en conocimiento:

> *Que vuestro amor abunde aun más y más en ciencia y en todo conocimiento, para que aprobéis lo mejor, a fin de que seáis sinceros e irreprensibles para el día de Cristo.*

En realidad, este pasaje nos muestra que, aparte de que el amor crezca en ciencia, debe crecer «en todo conocimiento». ¿Dónde está el conocimiento que debe buscar cada creyente? ¡En la Biblia! Es decir, se debe buscar mediante el estudio de las Escrituras y aprendiendo de manera específica cómo amar conforme a lo que nos enseñan, junto con la revelación del Espíritu a través de la palabra de ciencia. Esas dos cosas juntas, el conocimiento bíblico y la ciencia del Espíritu, nos ayudan a caminar en perfección... y lo que implica esto es la toma de mejores decisiones y en el tiempo apropiado.

Habrá ocasiones en las que todo el mundo puede decir que es justo y razonable huir, pero el Espíritu Santo te dice: «¡Espera un poco más!», a fin de que las cosas ocurran en el tiempo preciso, en el momento perfecto de Dios. Sin embargo, debemos asegurarnos que esa espera no sea el resultado del miedo o temor a tomar la decisión, puesto que el miedo no es de Dios. Toda decisión que se toma por miedo, o la decisión que no se toma por miedo, constituye un error en ambos casos, porque actuar en miedo no es bueno. Para no equivocarnos, debemos recurrir a la sabiduría que viene de Dios por medio de su Santo Espíritu.

Hay decisiones muy difíciles, y esta dama que me confesó su situación en ese mensaje por Facebook, estaba ante una de estas. Para cualquier líder es delicado el asunto de aconsejar una separación en el matrimonio, aun cuando sea la única solución. Le escribí este pasaje bíblico a mi discípula cibernética:

> *Entonces se le acercaron los fariseos, y para ponerlo a prueba le dijeron: «¿Es lícito que un hombre se divorcie de su mujer por cualquier causa?». Él les respondió: «¿Acaso no han leído que al principio el Creador "hombre y mujer los creó"? Y agregó: "Por esto el hombre dejará a su padre y a su madre, y se unirá a su mujer, y los dos serán un solo ser". Así que ya no son dos, sino un solo ser. Por tanto, lo que Dios ha unido, que no lo separe nadie». Le preguntaron: «Entonces, ¿por qué Moisés mandó darle a la esposa un certificado de divorcio y despedirla?». Él les respondió: «Moisés les permitió hacerlo porque ustedes tienen muy duro el corazón, pero al principio no fue así. Y yo les digo que, salvo por causa de fornicación, cualquiera que se divorcia de su mujer y se casa con otra, comete adulterio. Y el que se casa con la divorciada, también comete adulterio».*
> Mateo 19:3-9, RVC

En otras palabras, le están preguntando a Jesús: «¿Está bien que nosotros nos divorciemos de nuestras esposas por cualquier razón que queramos?». Entonces, Jesús responde en el verso cuatro: «¿Acaso no han leído que al principio el Creador "hombre y mujer los creó"?».

Y en el verso 6 continúa estableciendo que lo que Dios unió, no lo debe separar nadie. Aquí, Él traía el mandamiento. Luego, ante la insistencia y la referencia a lo que dijo Moisés, Jesús reveló uno de los problemas más grandes del ser humano: La dureza del corazón. Esta fue la causa por la que Moisés otorgó carta de divorcio.

Recordemos que la misma Biblia dice que Cristo vino a restaurar todas las cosas del principio; por lo tanto, Jesús aclara que lo que Dios unió no lo separe el hombre. Al principio, nadie tenía autorización para divorciarse y, ahora, Él vuelve a reiterar esa realidad, esa poderosa verdad que dice que nadie tiene derecho a divorciarse en Dios.

Después, Él no se queda ahí, pues continúa para traer el mandamiento calibrado y establecer el balance del amor saludable, por lo que en el verso 9 dice:

> *Y yo les digo que, salvo por causa de fornicación, cualquiera que se divorcia de su mujer y se casa con otra, comete adulterio. Y el que se casa con la divorciada, también comete adulterio.*

Aquí Jesús establece una causa: fornicación. De ese modo, nuestro Señor le da un balance al amor y les dice a las mujeres que saben que sus maridos están en la calle fornicando que no tienen por qué aguantar eso. Les está hablando de dignidad.

Tú no tienes que soportar la infidelidad sexual de tu marido.

Hay muchas cosas que se pueden considerar adulterio. Por ejemplo, ver pornografía es adulterio. Sin embargo, eso no te da derecho a divorciarte y por eso fue que no se usó la palabra «adulterio» en este pasaje, pues la Escritura dice que hasta con el pensamiento se puede adulterar. En otros pasajes, Jesús nos dice que el solo hecho de mirar a una mujer para codiciarla, es adulterio.

> *Pero yo os digo que cualquiera que mira a una mujer para codiciarla, ya adulteró con ella en su corazón.*
> Mateo 5:28

Si tú vas en el auto y de momento ves que a tu marido se le van los ojos detrás de unas caderas... ¡tú no puedes abrir la puerta e irte a un tribunal para pedir el divorcio debido a que tu marido adulteró! Es cierto, adulteró con la mirada, pero volviendo al pasaje de lo que está escrito en Mateo 19:9, la causa de divorcio que se menciona no es el adulterio, sino la fornicación. De todas las maneras de adulterar, la peor es cuando se tienen relaciones sexuales fuera del matrimonio, y Jesús dijo: *¡Eso es lo único que no tienes que soportar!*

No menciona incompatibilidad de caracteres, ni situaciones financieras, ni mal carácter de alguno de los cónyuges, ni tampoco falta de comunicación. En su lugar, la Escritura dice que la única razón por la que Dios autoriza el divorcio es si tu cónyuge ha tenido relaciones sexuales fuera de tu casa, de tu cama... ¡fuera de ti!

En otras palabras, ¿cuál es la voluntad de Dios? Sabemos que no es el divorcio, sino la reconciliación. No hay problema en que se separen para vivir ciertos procesos, pero al final, se tienen que reconciliar. Por lo tanto, hay que buscar ayuda, hay que trabajar en lo que sea necesario, pero esa relación se tiene que restaurar. Y si no quieres restaurarla por rebeldía o por la razón que sea, pues «quédate sin casar». Así lo dice este pasaje de la Escritura:

> Pero a los que están unidos en matrimonio, mando, no yo, sino el Señor: Que la mujer no se separe del marido; y si se separa, quédese sin casar, o reconcíliese con su marido; y que el marido no abandone a su mujer.
>
> 1 Corintios 7:10-11

En cuanto al problema de la violencia familiar, también el hombre puede ser víctima de su mujer. Es decir, hay mujeres que golpean, manipulan y hacen mover a la fuerza y en cualquier dirección a sus maridos. Con tal fin, utilizan el chantaje, o a los hijos, porque lo lamentable es que hay mujeres que hacen este tipo de cosas. Incluso, van a la cocina y le enseñan un cuchillo al esposo, ¡y esto es algo que no se debe tolerar!

Aquí no hay diferencias, porque la ley aplicada de la manera adecuada trae beneficios, trae frutos. Yo sé de mujeres transformadas por causa de una disciplina, un escarmiento por parte de la ley o porque el esposo decide separarse y no aguantar el abuso. Eso también puede suceder cuando la mujer es la que pone distancia y se separa de la relación violenta. Algunos hombres escarmientan, otros no, porque su condición de abusadores tiene raíces más profundas que deben sanar.

SEPARACIÓN PREVENTIVA

En ocasiones, la separación puede ser una medida de disciplina, una forma en que el cónyuge le deja ver a su pareja que si la relación no es de respeto mutuo, se termina.

Tuve el caso de un caballero a quien debí aconsejarle una separación como medida de disciplina. Su esposa no creía que fuera a dar el paso de irse de la casa, pero sí lo hizo. Allí empezó la mujer a pedirle que regresara, pero él le decía que no volvería hasta que ella recibiera consejería. Allí estuvo en mi oficina por un buen tiempo, viniendo a recibir Palabra de Dios. Hoy en día, es una mujer transformada, llena de Dios, un modelo de mujer, extraordinaria.

La Escritura dice que no estamos sujetos a esclavitud. Los abusos verbales y el mal carácter de un cónyuge son formas de esclavitud. Mi recomendación es que por medio de la ayuda de un líder, se establezcan métodos disciplinarios que logren presionar el cambio en la otra persona. Esto es factible, en especial, cuando la pareja no se entiende, terminan discutiendo y no llegan a ninguna parte. Por eso hace falta un mediador, un consejero. En ocasiones, si no es posible lograrlo, es lícito separarse, pero hay que entender que no es para volverse a casar. Si la razón fue el maltrato, eso no te da derecho a volverte a casar. Lo único que te da derecho a casarte de nuevo es que tu pareja te sea sexualmente infiel. Si esa no es la razón, la voluntad de Dios puede ser que se mantengan separados y que, dicha separación, provoque una presión y que esa presión provoque que la persona hostil venga a buscar ayuda. Luego, después de todo un proceso y de haber demostrado fuera de toda duda que la persona nació de nuevo y que aprendió la lección, restauramos la relación y celebramos la victoria hasta con una boda de renovación o una renovación de pacto.

La importancia del liderazgo de los pastores sobre una pareja en conflicto es crucial. ¿Por qué? Porque quienes están en medio del conflicto, con las emociones encontradas, los corazones heridos, la pasión que sienten el uno por el otro o la que dejaron de sentir, todo esto hace que las decisiones no se tomen de manera sensata y mucho menos objetiva. De modo que es necesaria la consejería y la aprobación de los pastores que han llevado ese proceso para decirnos si estamos listos o no para esa reconciliación.

Hemos tenido la experiencia de pasar por este mismo proceso que acabo de describirles con algunos matrimonios. Les estamos aconsejando, observando, tomando nota de los progresos y, un buen día, se aparecen en el culto para darnos la noticia: «¡Pastores, volvimos! Nos reconciliamos». Así que, con una sonrisa, nos aseguran que es la mejor noticia que nos han dado... La respuesta que les doy es: «Abortaron el proceso». Allí se les congela la sonrisa porque es una opinión franca y clara. No adorno lo que digo cuando es necesario que entiendan las cosas.

Algunos matrimonios dan por sentado que cuando las cosas mejoran, se van a poner mejor si duermen juntos otra vez. La verdad es que cuando lo hacen, se adelantan al tiempo oportuno, pues le creen a la pasión, ¡y la pasión no es suficiente! Cuando se ama, hay que amar conforme a todo conocimiento, pero también hay que amar conforme a la ciencia. Recordemos que la ciencia la revela el Espíritu Santo.

En estos casos, los pastores de la casa son los que te aman a ti, aman a tu cónyuge y anhelan igual que tú la verdadera y definitiva restauración. Puesto que cada vez que se restaura un matrimonio, eso es como un trofeo de victoria para el ministerio de restauración de esa iglesia.

Sin embargo, algo fuera de tiempo siempre va a dar malos resultados. Así que a la hora de amar hay que conocer las Escrituras, hay que tener la dirección de Dios, adquirir conocimiento y dejarse guiar en la resolución de conflictos.

Si has podido comprender todo lo que plasmé en esta enseñanza, te invito a que juntos hagamos esta oración:

Señor:

Necesitamos que tu gracia y favor se derramen en nosotros para obtener entendimiento y sabiduría. Concédenos el balance, a fin de que no interpretemos de manera errónea el concepto más importante que está presente en toda la Biblia.

Por favor, te rogamos que nos llenes, Señor del cielo, del Espíritu Santo, a fin de que nos dirija conforme a tu perfecta y balanceada voluntad. En Cristo Jesús te damos las gracias... ¡Amén!

EL AMOR A LAS VIUDAS

Dios protege de una manera muy especial a los que se quedan desamparados. Así lo estableció desde tiempos antiguos.

Padre de huérfanos y defensor de viudas es Dios en su santa morada.
Salmo 68:5

En el Nuevo Testamento aparecen también pasajes donde dice que la iglesia debe asumir la responsabilidad de sostener a las viudas. Entonces, mira lo que Pablo dice para darle balance al amor en este aspecto, pues establece que las viudas que sostendrá la iglesia serán las que tengan más de sesenta años... viudas que no tengan hijos ni nietos; viudas que hayan servido a los santos y a la iglesia; en fin, a esas que tengan todas estas cualidades... Además, aclara que la iglesia no debe darles a las viudas que tengan hijos, porque la responsabilidad de mantenerlas es de los hijos. Así que no es justo que la iglesia se afecte económicamente por hijos irresponsables. Veamos cómo lo expresa Pablo en su primera carta a Timoteo:

Honra a las viudas que en verdad lo son. Pero si alguna viuda tiene hijos, o nietos, aprendan éstos primero a ser piadosos para con su propia familia, y a recompensar a sus padres; porque esto es lo bueno y agradable delante de Dios. Mas la que en verdad es viuda y ha quedado sola, espera en Dios, y es diligente en súplicas y oraciones noche y día. Pero la que se entrega a los placeres, viviendo está muerta.

Manda también estas cosas, para que sean irreprensibles; porque si alguno no provee para los suyos, y mayormente para los de su casa, ha negado la fe, y es peor que un incrédulo. Sea puesta en la lista sólo la viuda no menor de sesenta años, que haya sido esposa de un solo marido, que tenga testimonio de buenas obras; si ha criado hijos; si ha practicado la hospitalidad; si ha lavado los pies de los santos; si ha socorrido a los afligidos; si ha practicado toda buena obra.
1 Timoteo 5:3-10

Este pasaje aclara muy bien cuáles son las cualidades que deben reunir estas damas para estar en la lista de las mujeres a quienes sostendrá la iglesia. Lo cierto es que son pocas las que se ajustan a estas características.

Por lo tanto, ese es un amor que está en el balance de conocimiento bíblico, y cuando el líder no conoce eso y viene todo el mundo a pedir ayuda, hay que tener cuidado porque debemos ser buenos administradores de lo que nos concede Dios para dar en justa medida a quienes lo necesiten. Si no establecemos el balance, vamos a tener que darle a todo el mundo. Eso ocurrió en la iglesia primitiva cuando no había madurez bíblica. ¿Y qué pasó con la iglesia en Jerusalén? Se desfalcó, y otras iglesias fuera de Jerusalén tuvieron que ayudarla, debido a que malinterpretaron el amor a la hora de dar de lo que tienen a otros.

Señores, en la Biblia hay sabiduría y por eso me encanta llamarla el libro de la sabiduría. Así que ahora quiero sembrar en tu corazón el deseo de consultar con Dios en cada aspecto de tu liderazgo siempre que tengas que tomar una decisión relacionada con el amor.

EL BALANCE DEL AMOR DE DIOS

Sin duda, el amor de Dios es fuerte, intenso y perfecto. Sin embargo, la Escritura dice que Dios es amor, pero que también es fuego consumidor. Quiere decir que en Dios hay un balance de «fuego» y «amor». Hay un balance entre «Cordero» y «León», pues la Escritura dice que Dios es cordero, pero también es león. Significa que, en el mismo carácter de Dios, hay un balance que puede ser sutil y, a la vez, muy fuerte.

Existe un balance entre la gracia y la misericordia, y el juicio y la justicia. Y quien tiene el llamado en su nombre y quiere ser un discípulo maduro en Cristo, debe aprender ese balance y reconocer que, en ocasiones, hay que tomar decisiones importantes y determinantes.

Esas decisiones hay que tomarlas en la «ciencia» de lo que te revela el Espíritu. Además, debes tener en cuenta lo que te recomiendan tus pastores, líderes o mentores, de modo que logres darle curso a un proceso de restauración siempre que sea necesario. Cuando se trata del amor, tenemos que buscar un balance y determinar cuáles son los límites que establece la Escritura. También hay que obedecer cuando Dios nos mande a actuar en amor, aun cuando no lo sintamos. Esta parte es muy importante, pues a través de una conducta amorosa podemos ser instrumentos en las manos de Dios para influir en la vida de muchas personas.

Capítulo 6

EL SERVICIO

Las despedidas siempre son duras. Nuestro Señor estuvo en esta tierra en forma de hombre y también tuvo amigos que la Escritura dice que los amó hasta el fin.

> *Antes de la fiesta de la pascua, sabiendo Jesús que su hora había llegado para que pasase de este mundo al Padre, como había amado a los suyos que estaban en el mundo, los amó hasta el fin. Y cuando cenaban, como el diablo ya había puesto en el corazón de Judas Iscariote, hijo de Simón, que le entregase, sabiendo Jesús que el Padre le había dado todas las cosas en las manos, y que había salido de Dios, y a Dios iba, se levantó de la cena, y se quitó su manto, y tomando una toalla, se la ciñó. Luego puso agua en un lebrillo, y comenzó a lavar los pies de los discípulos, y a enjugarlos con la toalla con que estaba ceñido.*
> Juan 13:1-5

Basándonos en los hechos que narra este capítulo del Evangelio de Juan, podemos decir que el amor se demostró en un acto de agradecimiento. Me parece interesante que el Señor del cielo y de la tierra, manifestado en la persona de su Hijo y de quien la Escritura

111

dice que «sin él nada de lo que ha sido hecho, fue hecho», decidiera agradecerles a sus amigos el haber estado con Él. Lo más impactante es la forma en que lo hizo: tomando un recipiente lleno de agua y una toalla, les lavó los pies a sus discípulos. ¡Qué manera de dar gracias!

El amor de Dios no es un amor solo de labios o de palabras, como decimos popularmente, sino de hechos... de hechos que tocan el corazón y dejan una huella inolvidable. Parte de su ejemplo que debemos seguir es la de actuar en amor. Es hermoso escuchar un «Te amo» al amanecer o cuando llegamos a casa. Aun así, todos necesitamos algo más que palabras para sentirnos amados. Ocurre en todos los lugares, lo he escuchado sobre todo de parte de las mujeres, que Dios las bendiga, porque nos enseñan a amar. A veces, los hombres no entendemos la revelación del amor. Por eso podemos verlas como muy exigentes, pero es que Dios depositó algo innato en ellas para sentir el amor de una forma más intensa; en otras palabras, es como un don de Dios para la mujer y parte de su maravilloso diseño. Mostrar el amor con hechos y acciones es importante. Jesús lo hizo y llevó el amor al nivel del servicio.

> *Entonces Jesús, llamándolos, dijo: Sabéis que los gobernantes de las naciones se enseñorean de ellas, y los que son grandes ejercen sobre ellas potestad. Mas entre vosotros no será así, sino que el que quiera hacerse grande entre vosotros será vuestro servidor, y el que quiera ser el primero entre vosotros será vuestro siervo; como el Hijo del Hombre no vino para ser servido, sino para servir, y para dar su vida en rescate por muchos.*
> Mateo 20:25-28

En el momento en que aprendemos a amar a otros como quiere Dios, le vemos como superiores e importantes, aunque no lo sean, pues el amor de Dios en nuestros corazones nos hace verlos de esa forma. Entonces, sentimos la necesidad de honrar a las personas y servirlas, porque apreciamos su valor, las vemos con los ojos de Dios. Esta perspectiva provoca en nosotros actitudes de servicio que modelan el carácter de Jesús, y los resultados suelen ser positivos. Algo maravilloso sucede cuando un hombre lava los platos o le quita a la esposa alguna carga de los quehaceres de la casa. Esta es la cultura del reino. Se nos debe adherir a nuestra piel la cultura del reino de Dios, porque nos acercamos a Jesús cuando vivimos así. La personalidad de Jesús fue de servicio. Recordemos que se llamó a sí mismo siervo.

La actitud de servicio debe proyectarse en todas las direcciones. Como padres, debemos tocar el corazón de nuestros hijos ayudándoles en lo que podamos, aunque ya sean adultos. Como hijos, debemos servir también a nuestros padres en agradecimiento.

Me sorprende ver cómo Jesús no solo fue un ejemplo en la actitud de servicio, sino que les lavó los pies a sus discípulos sabiendo que uno lo iba a traicionar, que algunos lo negarían y que otros lo dejarían solo. Él dejó bien claro el concepto de manifestar ese espíritu de agradecimiento a quienes sirven, y que se debe dar aun cuando esas personas no sean eficientes por completo o que su servicio no sea perfecto. Por lo tanto, debemos bendecirlas.

CRECER EN GRACIA

Las personas que reconocen que todavía no tienen lo que necesitan para servir a Dios a plenitud, no deben preocuparse. Él les dará la gracia necesaria para servir, pues considerará los deseos de su corazón por servir en su reino.

Por tanto, de buena gana me gloriaré más bien en mis debilidades, para que repose sobre mí el poder de Cristo.
2 Corintios 12:9

Dios nos capacita para que podamos servirle en lugares donde Él nos quiere o donde deseamos hacerlo. Muchas personas que no estaban capacitadas para ser buenos padres, o para cualquier otra tarea de esa importancia, llegan a realizar una labor extraordinaria aunque no hayan tenido los elementos necesarios. Su deseo genuino de cumplir la misión que se les encomendó hace que Dios les conceda dones especiales, provisión y hasta que les ponga personas a su alrededor que le ayuden en la tarea. No es necesario probarles a los demás lo que podemos hacer. Solo necesitamos saber cuál es el lugar donde Dios nos puso y la posición que ocupamos en este mundo.

Todos hemos tenido la oportunidad de observar a un oficial del orden público queriendo demostrar su autoridad. Por lo regular, sucede cuando esa persona, antes de tener ese uniforme, ese rango, tenía muy poca autoestima o complejos de inferioridad. Entonces, le verás alardeando de su posición y demostrando que tiene autoridad.

En cambio, cuando ves a un agente de la ley, una figura que representa la autoridad con una actitud amable, humilde y que te habla con gentileza, es porque sabe quién es y no necesita demostrarlo. Sabe que tiene autoridad, y hasta si debe arrestar a alguien, lo hará con serenidad y no con soberbia, sin abusar de su posición, pues conoce su autoridad y no necesita probarla.

Un buen jefe tampoco necesita atemorizar a los empleados con cara de pocos amigos ni órdenes constantes. Un jefe que sabe quién es y la autoridad que tiene, puede llegar a la oficina y saludar a todo el mundo de manera cordial. Si existe algún tipo de comportamiento errado por parte de un empleado, el jefe puede acercarse hasta donde está la persona que distrae o promueve el desorden, si esa fuera la falta, llevarlo a su oficina y reprenderlo ahí con respeto. La autoridad mal asumida, o ejercida con soberbia, inspira muy poco respeto. Humillar a otras personas que estén bajo nuestra autoridad también es una actitud muy equivocada.

Existe el caso del esposo que le dice a la esposa: «Te tienes que sujetar a mí porque la Palabra dice...». Lo que eso refleja es que no tiene autoridad, no se la ha ganado y la reclama usando ese argumento como una muleta. La autoridad no se impone, se gana... ¡y se gana con amor! Bien lo sabe el que tiene autoridad.

Jesús sabía quién era Él. Conocía la autoridad que poseía, la que se le concedió desde lo alto por el Padre. La seguridad de saber quiénes somos en Cristo nos hace caminar con confianza. No nos hace falta defendernos siquiera, porque el que sabe quién es su Padre y quién le ha bendecido, y cree en la promesa que Él dijo acerca de que nada nos podrá hacer frente, tiene la serenidad de ejercer su autoridad cuando sea necesario. Todo el que tiene claro cuál es su identidad y el propósito de Dios para su vida, no necesita cuidarse de sus enemigos.

Judas sabía que iba a traicionar a Jesús, y Jesús, por su parte, sabía lo que Judas iba a hacer. Al ser consciente de esa realidad, nuestro Señor le lavó los pies. Me imagino que al primero que le lavó los pies fue a Judas. Los que saben quiénes son, los que son conscientes de lo que les ha dado Dios, no tienen que andar en la vida tratando de probarse ante la gente.

Sigamos analizando este pasaje de la Biblia que narra cómo Jesús les lavó los pies a sus discípulos poco antes de ser traicionado:

Y cuando cenaban, como el diablo ya había puesto en el corazón de Judas Iscariote, hijo de Simón, que le entregase, sabiendo Jesús que el Padre le había dado todas las cosas en las manos, y que había salido de Dios, y a Dios iba, se levantó de la cena, y se quitó su manto, y tomando una toalla, se la ciñó. Luego puso agua en un lebrillo, y comenzó a lavar los pies de los discípulos, y a enjugarlos con la toalla con que estaba ceñido. Entonces vino a Simón Pedro; y Pedro le dijo: Señor, ¿tú me lavas los pies? Respondió Jesús y le dijo: Lo que yo hago, tú no lo comprendes ahora; mas lo entenderás después. Pedro le dijo: No me lavarás los pies jamás. Jesús le respondió: Si no te lavare, no tendrás parte conmigo. Le dijo Simón Pedro: Señor, no sólo mis pies, sino también las manos y la cabeza. Jesús le dijo: El que está lavado, no necesita sino lavarse los pies, pues está todo limpio; y vosotros limpios estáis, aunque no todos. Porque sabía quién le iba a entregar; por eso dijo: No estáis limpios todos. Así que, después que les hubo lavado los pies, tomó su manto, volvió a la mesa, y les dijo: ¿Sabéis lo que os he hecho? Vosotros me llamáis Maestro, y Señor; y decís bien, porque lo soy. Pues si yo, el Señor y el Maestro, he lavado vuestros pies, vosotros también debéis lavaros los pies los unos a los otros. Porque ejemplo os he dado, para que como yo os he hecho, vosotros también hagáis.

De cierto, de cierto os digo: El siervo no es mayor que su señor, ni el
enviado es mayor que el que le envió.
Juan 13:2-16

Jesús ejerció la autoridad con humildad. Sin embargo, confronta la falsa humildad. En este pasaje, Pedro se autoproclamó
como el más fiel de todos. Le dijo: «No me lavarás los pies jamás».
Jesús lo llevó a su realidad: Era capaz de flaquear; y, por miedo, iba
a negar tres veces a su Señor. Pedro era de carácter impulsivo, no
podemos juzgarlo, quizá sí pensaba que sería capaz de morir con
Jesús; pero llegado el momento, tuvo miedo. Jesús lo sabía y esa
noche le lavó los pies. En ese acto de humildad de parte de Jesús,
ya Pedro era perdonado.

A menudo, escuchamos a cristianos alardear de su santidad o
de su humildad. Hay que tener mucho cuidado de no caer en la
falsa humildad. Frases como: «Yo solo hago esto por servir, no espero
ningún reconocimiento», pueden venir de personas que después se
sienten heridas debido a que no reciben todo el reconocimiento
que esperaban de veras. Sucede con regularidad. Esconden sus
aspiraciones y su ego, pero lo cierto es que esperan el reconocimiento.
En realidad, esto no es malo, pues podemos recibir reconocimiento
y agradecimiento por nuestro trabajo. Lo que no está bien es ocultar
ese deseo y tratar de mostrarnos tan humildes como para decir
que no nos importa que nos tomen en cuenta o no. Eso es falsa
humildad. Por otro lado, hay quienes tienen la autoestima tan baja
que cuando reciben honra, no se sinceran ni son capaces de agradecer
el reconocimiento. Eso también puede ser orgullo o baja autoestima.
Hay que aprender a recibir.

Con frecuencia, escuchamos lo que dicen algunas personas que
reciben un elogio: «Ah, no, la gloria sea para Dios». Es obvio que
la gloria siempre es para Dios, pero a veces cuando repetimos esa
frase en lugar de agradecer el cumplido o la frase positiva que nos
están diciendo, puede ser que estemos luchando internamente por
no inflarnos ante esos cumplidos. Veamos la reacción de Pedro:

Pedro le dijo: No me lavarás los pies jamás.

Entonces, Jesús mostró su carácter al responderle:

Si no te lavare, no tendrás parte conmigo.

Con estas palabras, lo estaba llevando a recibir el servicio. Quizá hasta le dijera: «Voy a tratar con tu orgullo o con tu baja autoestima, y te voy a lavar los pies». Ante esto, Pedro reaccionó accediendo de forma total:

Le dijo Simón Pedro: Señor, no solo mis pies, sino también las manos y la cabeza (v. 9).

EL LÍDER DEBE LAVARLES LOS PIES A LOS SUYOS

El líder que actúa con autoritarismo, que desea hacer valer su voluntad de manera impositiva, no va por buen camino. Por otra parte, la excesiva seriedad o distancia para producir respeto no definen a un líder que se conecta con sus discípulos. Cuando tenemos autoridad, no necesitamos crear un marco de temor para recibir respeto. Esa cara de seriedad parece más bien un símbolo de inseguridad. Muchos necesitan el montaje de un carácter para sentir que tienen el control. El que tiene autoridad debe asumir esa posición de lavarles los pies a quienes le apoyan, se sacrifican y le siguen.

Ante esto, sigamos el ejemplo de Pablo. Los que reconocen su carnalidad son los más espirituales. Sí, leíste bien: Los que reconocen su carnalidad son los más espirituales. Pablo sabía y era consciente de cuáles eran sus debilidades:

Porque no hago el bien que quiero, sino el mal que no quiero, eso hago. Y si hago lo que no quiero, ya no lo hago yo, sino el pecado que mora en mí. Así que, queriendo yo hacer el bien, hallo esta ley: que el mal está en mí. Porque según el hombre interior, me deleito en la ley de Dios; pero veo otra ley en mis miembros, que se rebela contra la ley de mi mente, y que me lleva cautivo a la ley del pecado que está

*en mis miembros. ¡Miserable de mí! ¿quién me librará de este cuerpo
de muerte? Gracias doy a Dios, por Jesucristo Señor nuestro. Así que,
yo mismo con la mente sirvo a la ley de Dios, mas con la carne a la
ley del pecado.*
Romanos 7:19-25

Hay verdades de nosotros mismos que ignoramos, pero en el
momento en que el Espíritu Santo nos revela la condición de nuestro
interior, si nos arrepentimos de inmediato, somos libres. Pablo fue un
hombre de mucha autoridad espiritual, precisamente porque conocía
muy bien su naturaleza, no le daba miedo «dañar su imagen». Lo
expresó con claridad en este pasaje del libro de Romanos. Es más, se
define a sí mismo como alguien que lucha en su mente por seguir los
estatutos del Señor, pero que se rebela con su cuerpo:

*Y yo sé que en mí, esto es, en mi carne, no mora el bien; porque el
querer el bien está en mí, pero no el hacerlo. Porque no hago el bien
que quiero, sino el mal que no quiero, eso hago. Y si hago lo que no
quiero, ya no lo hago yo, sino el pecado que mora en mí. Así que,
queriendo yo hacer el bien, hallo esta ley: que el mal está en mí.*
Romanos 7:18-21

Veamos este proceso: El Espíritu Santo le reveló a Pablo su
condición. Sin embargo, le llevó al tercer cielo, le mostró cosas
grandes y maravillosas, y le asignó una misión de apóstol aun cuando
no estuvo entre los seguidores de Jesús, sino entre sus perseguidores.
Le hizo portador del evangelio al mundo de los gentiles, le dio
denuedo, le permitió predicar el evangelio en muchos lugares, pero
le dio también un aguijón. Pablo habla con libertad sobre eso:

*Conozco a un hombre en Cristo, que hace catorce años (si en el cuerpo,
no lo sé; si fuera del cuerpo, no lo sé; Dios lo sabe) fue arrebatado
hasta el tercer cielo. Y conozco al tal hombre (si en el cuerpo, o fuera
del cuerpo, no lo sé; Dios lo sabe), que fue arrebatado al paraíso,
donde oyó palabras inefables que no le es dado al hombre expresar.*

De tal hombre me gloriaré; pero de mí mismo en nada me gloriaré, sino en mis debilidades. Sin embargo, si quisiera gloriarme, no sería insensato, porque diría la verdad; pero lo dejo, para que nadie piense de mí más de lo que en mí ve, u oye de mí. Y para que la grandeza de las revelaciones no me exaltase desmedidamente, me fue dado un aguijón en mi carne, un mensajero de Satanás que me abofetee, para que no me enaltezca sobremanera; respecto a lo cual tres veces he rogado al Señor, que lo quite de mí. Y me ha dicho: Bástate mi gracia; porque mi poder se perfecciona en la debilidad. Por tanto, de buena gana me gloriaré más bien en mis debilidades, para que repose sobre mí el poder de Cristo. Por lo cual, por amor a Cristo me gozo en las debilidades, en afrentas, en necesidades, en persecuciones, en angustias; porque cuando soy débil, entonces soy fuerte.
2 Corintios 12:2-10

Dios hizo que Pablo conociera su condición humana antes de conducirle a los niveles a los que le llevó, a fin de que no se le fueran los humos a la cabeza y se creyera superior por haber sido escogido para todas estas cosas.

Mantengámonos humildes delante de Dios, conscientes de nuestras debilidades, rindiéndolas a Él, que con su gracia nos ayuda a perfeccionarnos. Practiquemos la sinceridad con Dios y con los demás, y seamos humildes, capaces de mostrar el amor de Dios. Incluso, sirviendo hasta a quienes están por debajo de nosotros en posiciones o en rango. Sirvamos a nuestra familia, a nuestros amigos. Sirvamos con amor y con dignidad, mostrando siempre el carácter de Jesús.

Capítulo 7

EL LÍDER
ENCUBIERTO

Estamos viviendo tiempos en los que debemos ser muy cuidadosos con respecto a lo que escuchamos, a quiénes seguimos o a quiénes siguen nuestros hijos. Debemos tenerlo en cuenta aun dentro de nuestras iglesias. Donde tenemos una sana doctrina, podemos tener también a nuestro alrededor personajes encubiertos de los cuales la Escritura nos advierte:

> *Amados, por la gran solicitud que tenía de escribiros acerca de nuestra común salvación, me ha sido necesario escribiros exhortándoos que contendáis ardientemente por la fe que ha sido una vez dada a los santos. Porque algunos hombres han entrado encubiertamente, los que desde antes habían sido destinados para esta condenación, hombres impíos, que convierten en libertinaje la gracia de nuestro Dios, y niegan a Dios el único soberano, y a nuestro Señor Jesucristo.*
> Judas 1:3-4

Dios nos advierte del ataque a la iglesia de una fe engañosa que va a tratar de entrar para desviarnos de la sana doctrina contenida en el evangelio puro. ¿Se parece en algo a lo que estamos viviendo? Judas dice que «contendáis ardientemente por la fe que ha sido una vez dada a los santos». Con esto quiere decir que nuestra fe se va a poner a prueba y es necesario que nos paremos firmes para defender la verdad. La fe se probará, la van a cuestionar, se va a enseñar mal y tratarán de distorsionarla. Esa es la advertencia del apóstol en esta epístola.

El pasaje dice que «contendáis ardientemente por la fe», puesto que «algunos hombres han entrado encubiertamente». ¿Qué significa la palabra «encubiertamente»? Disfrazados. Farsantes. Cuando una persona viene disfrazada, ¿cuál es su objetivo? ¡Engañar! Mostrar lo que no es, porque lo que es, en realidad, está oculto detrás del disfraz. Las personas encubiertas son espías. La policía tiene oficiales encubiertos. El propósito de esos agentes, o de las operaciones que realizan cuando están encubiertos, es infiltrarse para desmantelar redes criminales. Entran allí haciendo creer que son parte de esa organización, a fin de engañar a los delincuentes y hacerles caer en una trampa que los lleve a la cárcel. Pueden pasar ahí mucho tiempo, ganándose la confianza de los miembros hasta que les dan información. Estas son operaciones encubiertas con un propósito bueno: aprehender a los malhechores y salvar así a personas que pueden ser víctimas de estos criminales.

Cuando leo en estas Escrituras que en la iglesia entran personas encubiertamente, tengo que pensar que llegaron allí para engañar, mostrando lo que no son, y de ese modo desarticular la estructura de esa congregación o ministerio. Yo llegué a imaginar que los satanistas estaban enviando a espiritistas o santeros a la iglesia, y que el mundo de la brujería también estaba haciendo lo mismo. Sin embargo, una vez que analizamos las Escrituras, vamos a descubrir que este pasaje no habla de encubiertos obvios, sino de muchos que ni siquiera saben que son encubiertos.

Parece fuerte y es lo peor que le puede pasar a una persona: que la usen para destruir la obra de Dios y que lo hagan sin darse cuenta. Entonces, ¿cómo podemos identificar a un encubierto? La Palabra de Dios dice que, en Cristo, lo que define a una persona auténtica son sus frutos.

*Guardaos de los falsos profetas, que vienen a vosotros con vestidos de
ovejas, pero por dentro son lobos rapaces. Por sus frutos los conoceréis.
¿Acaso se recogen uvas de los espinos, o higos de los abrojos? Así, todo
buen árbol da buenos frutos, pero el árbol malo da frutos malos. No
puede el buen árbol dar malos frutos, ni el árbol malo dar frutos
buenos. Todo árbol que no da buen fruto, es cortado y echado en el
fuego. Así que, por sus frutos los conoceréis.*
Mateo 7:15-20

Si un ministro no está dando frutos, si no muestra en su conducta
los frutos del Espíritu Santo, fácilmente puede convertirse en un
encubierto, solo que no lo sabe. Este es el peor de los encubiertos.
También es lo peor que le puede pasar a una persona. Por eso Jesús
fue bien claro cuando nos advirtió que conoceríamos a las personas
por sus frutos. Sin embargo, muchas veces no logramos entender con
claridad lo que esto significa.

DONES Y TALENTOS EN DIRECCIÓN EQUIVOCADA

¿Qué es lo que casi siempre se manifiesta en los púlpitos? Los dones.
Y, por lo general, debido a las señales y los dones que se destacan
en una persona, nos asombramos y de inmediato establecemos que
son personas ungidas. En cambio, los dones no necesariamente
determinan eso ni reflejan lo que es la vida de la persona. Les podemos
admirar por sus dones, quizá estén obrando a través de los mismos,
pero pueden ser, por definición bíblica, encubiertos.

Cuando leía esta carta que escribe el apóstol Judas, llegué a
pensar en un principio que se refería a hombres mundanos. En
cambio, lo que la carta dice es que estos líderes, ministros, miembros de la iglesia, actúan como nosotros, cantan y alaban como
nosotros y hasta hablan en lenguas, pero no son auténticos. En ocasiones, estas personas hablan de una gracia diferente a la gracia que
conocemos nosotros, pues esa gracia nos ha conducido a cambios
cuestionables. De modo que la gracia que predican estas personas

es diferente porque, según ellos, Dios nos acepta como somos, haciendo lo que deseemos.

La gracia que nosotros hemos conocido nos conduce a dar frutos; sobre todo, frutos de santidad. En cambio, la gracia de la que hablan estas personas es la que considera todas las cosas puras y permisibles, y creen que quienes no piensan así, son religiosos. Muchos establecen que nada de lo que hagan los puede apartar de esa gracia, por lo que pasan por alto las Escrituras. Pablo les habló a los cristianos de esta manera en su carta a la iglesia de Filipos:

> *Por tanto, amados míos, como siempre habéis obedecido, no como en mi presencia solamente, sino mucho más ahora en mi ausencia, ocupaos en vuestra salvación con temor y temblor.*
> Filipenses 2:12

Con esto, Pablo exhorta a la obediencia constante. Muchos de estos líderes profesan, en realidad, una vida de libertinaje y hay quienes han llegado a decir que la Biblia es antigua. Otros inventan rituales o viven una vida de lujos exorbitantes a expensas de la iglesia. Estas son las cosas más obvias, pues un cristiano los podría reconocer de inmediato. Sin embargo, hay otros que se mezclan y son verdaderos encubiertos que pueden engañar hasta a los pastores. Así los describe el verso 4:

> *Hombres impíos, que convierten en libertinaje la gracia de nuestro Dios, y niegan a Dios el único soberano, y a nuestro Señor Jesucristo.*

¿A qué se refiere cuando dice que niegan a Dios? Lo niegan con sus hechos, no es que digan en la iglesia que Dios no existe; lo que hacen estos encubiertos es que dicen que creen en Dios, pero lo niegan contradiciendo con su vida el verdadero mensaje que predicó Jesús.

Por otra parte, Dios es soberano. ¿Y qué significa la soberanía? Poder absoluto; expresa que Él tiene el control. Significa que la Palabra de Dios es la última palabra. Que los hombres somos mentirosos, pero Dios es veraz.

Con su estilo de vida, estas personas niegan los fundamentos de la Palabra, pues han creado su propio «dios». Es difícil identificarlos dentro de la iglesia, pues allí parecen evangélicos, hablan y se comportan como tales en los servicios, pero su vida es opuesta por completo a esto.

EL SIGNIFICADO DE CREER

En su carta, Judas hace referencia al alcance que tiene la palabra «creer».

> *Mas quiero recordaros, ya que una vez lo habéis sabido, que el Señor, habiendo salvado al pueblo sacándolo de Egipto, después destruyó a los que no creyeron.*
> Judas 1:5

¿Cómo puede ser esto posible? ¿Cómo después de salvarlos los destruyó? Porque no creyeron. ¿Y qué significa creer? Significa más que afirmar que Dios existe, creer es aceptar su voluntad. Entonces, esas personas se salvaron, vieron las señales de Dios y la mano de Moisés ejecutando milagros por el poder de Dios, salieron bajo la columna de fuego, bajo la cobertura de la nube, sabían que Dios había estado con ellos; pero cuando debieron afrontar momentos difíciles, cambiaron su actitud. Por ejemplo, ¿qué hicieron con todo el oro que los egipcios le regalaron la noche antes de su partida? Construyeron un becerro y lo adoraron; no conformes con esto, lo llamaron Jehová.

A través de esta carta escrita por Judas, Dios nos dice que tanto en aquel tiempo como hoy en día, existen algunos entre nosotros que vienen a los altares, invocan el nombre de Jehová, pero están adorando a otros dioses. Hay quienes le llaman Jehová a sus propios ídolos. Cuando entendí esta epístola, se abrieron mis ojos y hasta el día de hoy la leo con temor y temblor.

Si no somos capaces de tener discernimiento propio, poco a poco podemos perder nuestra conciencia. Una vez que sucede esto, no vamos a saber quiénes somos. Por eso cuando Dios te reprenda, no trates de justificarte, sino humíllate para que nunca te conviertas en un «encubierto». Cuando enseño sobre esto a mi congregación o en seminarios en cualquier parte del mundo, no escucho aplausos ni nada por el estilo, pues algunos hasta me miran mal. Aun así, es necesario hablar de esto porque Dios nos está recordando lo que hizo con Egipto: los destruyó por no creer.

LOS ENCUBIERTOS EN EL CIELO

Sucedió algo parecido en el principio con los ángeles que no guardaron su dignidad ni fueron leales, sino que desobedecieron. Una tercera parte de ellos abandonó el cielo y se fue detrás de aquel ángel caído, el mayor de ellos, creyendo sus mentiras.

Démosle un vistazo al panorama angelical. Hay ángeles, arcángeles y querubines. Los arcángeles son guardianes de naciones, guerreros y protectores. Los querubines están en un estatus más alto, son adoradores, cantan a Dios constantemente y rodean su trono. Los querubines son los más cercanos al Padre celestial. En el principio, uno de ellos, el más hermoso, era Lucifer. Ese era su rango, así de cerca estaba de la divinidad. Se vio tan cerca de Dios y vio a todos los demás debajo de él que, desde su altura y autoridad, con su belleza y sus capacidades extraordinarias, un día miró el trono del Hijo y dijo: «Qué codiciable es ese lugar». Codició el trono del Hijo y el estar al lado de Dios. Entonces, el Espíritu de Dios que lo discierne todo, detectó cómo en su corazón codició el mal y lo destituyó. Así lo expresa el libro de Isaías:

Tú que decías en tu corazón: Subiré al cielo; en lo alto, junto a las estrellas de Dios, levantaré mi trono, y en el monte del testimonio me sentaré, a los lados del norte; sobre las alturas de las nubes subiré, y seré semejante al Altísimo. Mas tú derribado eres hasta el Seol, a los lados del abismo.
Isaías 14:13-15

Antes de que sucediera esto, Lucifer fue a donde estaban los ángeles y les habló mal de Dios. Esparció su semilla de deslealtad y de intriga. Se iba a la tierra, pues lo habían arrojado del cielo, pero quería llevarse a unos cuantos con él, de modo que les habló acerca de los placeres que no conocían y que podrían disfrutar allí en la tierra.

Lo desconocido es atractivo. Los ángeles nunca habían estado en la tierra, pues solo conocían el cielo. Creo que ningún alma que vaya de la tierra al cielo va a querer regresar, pero quien no lo conoce, lo ignora todo. Además, les habló de «libertad». Así fue que una tercera parte de los ángeles decidió acompañarlo. Fue una rebelión en el cielo y, de ese modo, Dios perdió una parte de sus hijos.

Los ángeles fueron la primera creación y por eso todos los seres vivientes del cielo se llaman hijos de Dios. A un hijo de Dios, un querubín, lo destituyeron del cielo. ¿Recuerdan cuando tentaron a Job?

Un día vinieron a presentarse delante de Jehová los hijos de Dios, entre los cuales vino también Satanás. Y dijo Jehová a Satanás: ¿De dónde vienes? Respondiendo Satanás a Jehová, dijo: De rodear la tierra y de andar por ella.
Job 1:6-7

De seguro que no hubiera estado allí si no fuera porque era su hijo.

LOS ENCUBIERTOS SOÑADORES

Las Escrituras enseñan que los encubiertos son soñadores. ¿Hay algo de malo con soñar? No, pero en el caso de estos soñadores encubiertos existe una característica. Por lo general, sus sueños son diferentes a los del pastor o de su líder. ¡Ese es el peligro! Todos podemos tener sueños personales. En cambio, si esos sueños ministeriales van de acuerdo a la voluntad de Dios, armonizarán con los sueños de mi líder.

En el caso de los encubiertos, sueñan por cuenta propia y se convierten en notas discordantes dentro del Cuerpo de Cristo. Sus sueños pueden parecer tan espirituales que llaman la atención de quienes quieren hacer lo bueno, y hasta los de veras espirituales aseguran que el proceso se ajusta al orden bíblico. Entonces, ¿cómo se descubre la pezuña diabólica en este tipo de sueño? Cuando descubrimos que no se sujeta a la visión de la Casa, del equipo pastoral. «Estos encubiertos soñadores mancillan la carne y rechazan la autoridad».

Otra característica distintiva es que se mueven como agentes libres y les encanta impresionar a la gente con sus sueños. Hablan de la fe para alcanzar lo que anhelan, pero hablan mucho y hacen poco; por definición, esta es otra de sus características. Los encubiertos también tienden a robarles los logros a los demás. Se dan el crédito por lo que no hicieron. Sin embargo, se esfuerzan por parecerse a nosotros, hablan en los términos que usamos nosotros y entran en las repeticiones de frases o clichés.

No obstante, de la misma manera también estos soñadores mancillan la carne, rechazan la autoridad y blasfeman de las potestades superiores.
Judas 1:8

UNA GUERRA ESPIRITUAL EQUIVOCADA

Muchos encubiertos que se visten de espirituales o religiosos también llegan a convertirse en *gurús* de la guerra espiritual. Yo creo en la guerra espiritual, y Jesús enseñó sobre la autoridad que nos concedió Él. En cambio, los encubiertos llevan este asunto a otra dimensión, trayendo cosas estrambóticas que nada tienen que ver con lo que Jesús hizo y enseñó para que lo imitemos. Caen en el misticismo, y con eso impresionan a muchos. Lo que hacen, en realidad, es blasfemar de las potestades superiores.

Volvamos a la carta de Judas en el verso 9:

Pero cuando el arcángel Miguel contendía con el diablo, disputando con él por el cuerpo de Moisés, no se atrevió a proferir juicio de maldición contra él, sino que dijo: El Señor te reprenda.

El arcángel Miguel sabía que a Lucifer lo crearon mayor que a él, pero le hace frente y lo vence. Esto lo logra en el nombre que es sobre todo nombre... ¡Jesucristo! Aquí es donde la sabiduría de este pasaje nos muestra cómo Miguel reprende a Satanás con respeto, a pesar de que era un querubín caído y padre de toda maldad.

Por otra parte, los gurús de la guerra espiritual de algunas iglesias empiezan a maldecir al maligno en sus sesiones de liberación, siendo esto inapropiado, porque a nosotros no se nos ha dado esa autoridad. Incluso, se burlan del diablo e intentan pavonearse para exhibir su autoridad y desafiar a los demonios. ¡Esa no es la guerra espiritual que debemos hacer! Ellos lo hacen para mostrar la grandeza de su autoridad, una que no tienen. Sin embargo, impresionan, escriben libros y los venden; se convierten en éxitos de venta porque logran captar la atención de la gente.

Dicho por los mismos publicadores de libros, el tema de la guerra espiritual es un éxito de librería, junto con el de la fe. Nadie debe tomar estos asuntos a la ligera, pues ambos son importantes, pero hay que tratarlos según las instrucciones que nos da Dios en las Escrituras y no «venderlos».

No intento que se predispongan en cuanto a la fe, sin la cual nadie verá a Dios; tampoco quiero que lo hagan en contra de la guerra espiritual, pues Dios nos mandó a ejercerla. Sin embargo, tenemos que discernir quiénes son los charlatanes de la guerra espiritual y, sobre todo, asegurarnos de no convertirnos en uno de ellos.

Debo aclarar que esta palabra la enseño para que nos juzguemos y nos escudriñemos a nosotros mismos. Por favor, no la utilicen para juzgar a otros, porque podríamos equivocarnos. Aquí lo importante es que nos cuidemos utilizando esta guía dada por las Escrituras para no caer en semejante desgracia.

La epístola continúa diciendo:

Pero éstos blasfeman de cuantas cosas no conocen; y en las que por naturaleza conocen, se corrompen como animales irracionales. ¡Ay de

ellos! porque han seguido el camino de Caín, y se lanzaron por lucro
en el error de Balaam, y perecieron en la contradicción de Coré.
Judas 1:10-11

¿Cuál es el camino de Caín? La envidia. ¿Sabías que hay ministros que envidian? Es triste pensar que haya ministros y miembros del cuerpo de Cristo que tengan celos de lo que hacen otros para Dios. Sucede mucho cuando se trata de posiciones. Quienes llevan cierto tiempo en el ministerio, dan por sentado que se merecen una posición que en algún momento se le da a otro. Entonces, empiezan a carcomerse por dentro. A esto le sigue la murmuración, acusando a los pastores de favoritismos, y empiezan a introducir cizaña, solo porque no le nombraron a ellos, cuando de seguro Dios permitió eso para sacar lo que estaba oculto en dichas personas. Muchas veces, sale a la luz el orgullo y, en otras ocasiones, se descubren las verdaderas intenciones ocultas que tenían al servir en la iglesia.

Si una persona que está conectada con Dios siente que no se le ha valorado ni ascendido a la posición que merece, reacciona de una forma diferente, con humildad. Quizá diga: «Señor, tú sabes cómo anhelo servir en ese campo. Si no has permitido que pueda estar ahí, muéstrame lo que necesito para que me bendigas. Prepárame para eso que tanto he anhelado hacer». Esa es una actitud humilde, pero los encubiertos no pueden hacer eso debido a que carecen de humildad. Entonces, se justifican y se colocan en el papel de víctimas, a veces hasta para manipular.

LA FE DÉBIL DE LOS ENCUBIERTOS

Teniendo en consideración que algunos encubiertos no se han dado cuenta de su condición, pensemos que quizá consideren que están haciendo bien y tienen fe. En cambio, la fe de estas personas, por no estar bien fundamentada, tampoco les da para confiar en Dios y en su plan perfecto para ellas y en que, si les ha prometido algo, lo va a hacer en el tiempo apropiado, sin importar que hasta el momento tomaran en cuenta o no su trabajo. Por tal razón, se llenan de frustración y, entonces, sacan su amargura y empiezan a sembrar cizaña, de modo que sin darse cuenta, se les daña el corazón. Esta es la cuna para desarrollar un corazón de encubierto.

> *¡Ay de ellos! porque han seguido el camino de Caín, y se lanzaron por lucro en el error de Balaam, y perecieron en la contradicción de Coré.*
>
> Judas 1:11

«Se lanzaron por lucro». ¿Cuál fue el fruto de Balaam? Que por amor a las ofertas de dinero que le hicieron, lo tentaron a maldecir al pueblo de Israel aun cuando Dios le había advertido con claridad que no lo hiciera, puesto que Él había bendecido a Israel.

Hay personas en la iglesia que ya están comenzando a ver el evangelio como una fuente de ganancia, sin poner los ojos en lo que Dios desea hacer más allá de los beneficios. Entran por amor, pero se quedan por valor.

¿Cuál fue el problema de Coré? La rebelión. Se rebeló contra su líder. «Esa decisión es equivocada». Es la expresión de quienes critican a sus líderes y se convierten en piedras en el camino.

BERNABÉ Y PABLO

Es bien sabido que Pablo y Bernabé tuvieron diferencias. Todo comenzó en un viaje misionero al cual los acompañó Marcos, que era muy joven y le dio nostalgia. Empezó a extrañar su hogar y quería regresar. Entonces, Pablo decidió que no lo llevarían de nuevo en un viaje misionero. En el segundo viaje, Bernabé lo trae de nuevo y Pablo se enoja porque no lo quería en ese viaje. Temía que de nuevo se «rajara», como dicen popularmente, ya que eso les impedía desenvolverse en la misión. Bernabé lo defendió hablando de sus cualidades y Pablo dijo: «Tendrá todas esas cualidades, pero no viene». Y la Escritura dice que se armó un gran problema. La pelea no fue pequeña. Entonces, Bernabé decide separase de Pablo.

Luego de eso, Pablo llama a Silas y se lo lleva en su viaje. A partir del día del conflicto, no sabemos lo que pasó con Bernabé, pues desapareció de la historia bíblica. Sin embargo, pasados los años, y cuando Pablo está en sus últimos días, pide que le trajeran a Marcos diciendo que era muy útil para el ministerio. ¿Quién tenía razón en esa discusión que provocó la separación de Pablo y Bernabé? Es obvio que Bernabé supo discernir que Marcos tenía un buen corazón para el ministerio. Debemos analizar que debido a que Bernabé se rebeló contra Pablo, desapareció de la historia. Aunque Pablo estuviera equivocado, era su autoridad. ¡Ay del que se rebela contra su autoridad por tener la razón! Con todo y razón, ¡estará condenando su futuro ministerial!

Cuando utilizamos la razón para rebelarnos, perdemos, pues Dios siempre los mirará de lejos. Trata de persuadir y mostrarle razones a tu líder, en caso de que pienses que está equivocado o que no está tomando la decisión adecuada. Es viable hablarle con respeto y tratar de hacerle ver el error. Si no da resultado, ora para que sea Dios el que le muestre la equivocación, pero jamás te le rebeles, pues el que se rebela se pone una soga espiritual en el cuello... ¡es un suicidio espiritual!

> *Estos son manchas en vuestros ágapes, que comiendo impúdicamente con vosotros se apacientan a sí mismos; nubes sin agua, llevadas de acá para allá por los vientos; árboles otoñales, sin fruto, dos veces muertos y desarraigados.*
> Judas 1:12

Los encubiertos son como manchas, se sientan con nosotros a comer, están a nuestro lado en nuestras fiestas, comparten. Este pasaje también los compara con las nubes sin agua, las cuales son blancas, hermosas. Eso mismo es lo que parecen los encubiertos: puros, proyectan hermosura espiritual, pero son inconstantes, llevados de acá para allá por el viento. Además, dice que son como árboles otoñales, sin fruto, sus hojas cambian de color y se ven hermosas, pero es porque están muertas. En el otoño, esas hojas se secan y llevan un proceso en el que cambian sus colores antes de caer del árbol. En realidad, son hojas en descomposición. Así son los encubiertos.

Otra cosa que distingue a los encubiertos es la murmuración y la querella. Además, siempre se están quejando de alguien o de algo.

LOS ENCUBIERTOS EXAGERADOS Y ADULADORES

Los encubiertos también tienden a exagerar los testimonios y hechos de los que son testigos o en los cuales participan. Hablan cosas infladas, testimonios exagerados. Si en un evento o servicio se ganaron a cinco personas para Cristo, son capaces de decir que fueron quince. Alguno a quien Dios sanó de una pulmonía puede llegar a decir que se murió y Dios lo resucitó. Ese espíritu que quiere impresionar es peligroso. No añadamos nada, contemos las cosas como son.

También son aduladores, pues halagan a otros para para sacar provecho. En otras palabras, después que observan, si tienes algo que le convienen, si hay algo que puedan utilizar, comienzan su teatro: «Ah, qué honorable, te sirvo y te rodeo porque eres importante, y yo tengo el privilegio de estar cerca de ti». Cuando lo que en realidad están diciendo es: «Tu importancia me da importancia».

LOS ENCUBIERTOS SENSUALES

Aquí tenemos otra categoría de encubierto que puede ser muy pero muy peligrosa dentro de nuestras congregaciones, porque causan grandes divisiones, sin olvidar el daño que le pueden hacer a solteros y a matrimonios por ser sensuales.

Antes, debemos aclarar que en cada ser humano existe una sensualidad implícita. Los hombres se sienten atraídos por las mujeres, y las mujeres por los hombres. Los valores de cada persona hacen que sus instintos, o la forma en que ven a una persona atractiva del sexo opuesto, tengan límites. El educar nuestra mente en el dominio propio nos hace eliminar cualquier pensamiento antes de que eche raíces. Este es un proceso individual que cada persona logra o no. Lo que deseo establecer es que la sensualidad es parte de la naturaleza del hombre y de la mujer. Sin embargo, existen personas a quienes se les ha dado un don especial, uno de ellos fue Pablo, quien tenía el don de la continencia. Ese don apaga la sexualidad.

La sexualidad natural puede funcionar de manera similar al metabolismo orgánico. Cuando dejamos de comer y ayunamos, nuestro metabolismo cambia y empieza a bajar su intensidad. Nuestro metabolismo se va reduciendo de manera automática porque el cuerpo detecta que no hay reservas. Por eso cuando comes con normalidad, no te da tanto frío como cuando ayunas.

Desde ese punto de vista, el metabolismo de la persona que deja de comer baja al mínimo, así ocurre con la sexualidad. Cuando un soltero no está jugando con su sexualidad, no se masturba, no ve pornografía ni estimula su sexualidad de manera alguna, sino que «duerme» ese aspecto de su vida, se reduce todo su «metabolismo sexual». Puede sentir atracciones, pero no anda con la ansiedad y el estrés, no anda quemándose, porque está «dormido».

Por otro lado, hay solteros que sí están activos sexualmente porque se masturban, por lo que el orgasmo levanta el metabolismo sexual a las nubes. Entonces, la persona camina con un alto nivel de sensualidad hasta dentro de la iglesia. Su conversación, en cambio, no lo refleja, hasta puede parecer bastante religioso, pero se le van los ojos detrás de un escote u otras cosas similares.

LOS SENSUALES CASADOS

Hay personas que tienen una pobre vida conyugal que, debido a los conflictos mutuos, no están activos sexualmente dentro de su matrimonio. Así que muchos ahogan sus necesidades con el trabajo y el ministerio. La ansiedad se resuelve de momento, pero genera otras conductas. Esto es muy perjudicial y Pablo lo advierte de manera muy específica.

> *No se nieguen el uno al otro, a no ser de común acuerdo, y solo por*
> *un tiempo, para dedicarse a la oración. No tarden en volver a unirse*

nuevamente; de lo contrario, pueden caer en tentación de Satanás, por falta de dominio propio.
1 Corintios 7:5, NVI®

Aparte de caer en el riesgo de una relación extramatrimonial, hay otras esferas de la vida que se afectan. Los hombres tienden a sentirse tristes y frustrados. Las depredadoras que andan buscando a hombres casados, saben discernir estos estados de ánimo de los hombres mal atendidos en el aspecto sexual y sacan provecho.

Entonces, ¿qué ocurre con estas personas que no tienen una vida sexual satisfactoria en sus matrimonios? Se vuelven amargadas, críticas viciosas, hurañas, conflictivas. Son personas que en las reuniones pierden el control y se comunican con hostilidad.

La vida de oración y la intimidad sexual alivian todas nuestras pasiones y tensiones diarias. Por eso les digo a todos los pastores de mi equipo: «El sábado enciérrense temprano y hagan guerra espiritual». La Escritura lo dice, con la intimidad echamos fuera la tentación. Por lo tanto, esta es una forma de hacer guerra espiritual.

EL DAÑO DE MANIFESTACIONES DE ENCUBIERTO

Todos estos desórdenes de nuestra vida pueden apartarnos de nuestra entrega a Dios, pueden contaminar nuestro espíritu y hacer que un día nuestro corazón deje de ser el mismo.

La idea de esta enseñanza no es que ahora andemos con una lupa buscando encubiertos. No obstante, sí es un buen ejercicio que de vez en cuando nos miremos a nosotros mismos con la lupa frente a un espejo. Y si descubrimos una mínima característica de encubierto en nuestro corazón, salgamos corriendo y pongámonos a cuenta con Dios y nuestro líder.

Un día, uno de mis líderes me pidió que le permitiera dar un breve testimonio. Por su dedicación y sus frutos, era un buen líder, así que ni siquiera le pregunté de qué se trataba. Cuando lo llamé, él se para delante de la congregación y dice: «Hermanos, quiero confesarles que yo estaba perdiendo mi corazón y, por definición bíblica, me estaba convirtiendo en un encubierto, pues en el silencio de mi interior me sentía incómodo y empecé a murmurar. Dios me ayudó a entender el grave peligro en el que estaba, y para no perder mis frutos, quiero reconocer públicamente mi pecado». A mí me pidió perdón y me dijo que orara por él.

Creo que todos los encubiertos que algún día fueron fieles y sinceros seguidores de Jesús, tuvieron su oportunidad de frenar, de entender en lo que se estaban convirtiendo. De seguro que el Espíritu Santo les hizo ver lo que pasaba en sus corazones, pero no escucharon, dejaron que su alma los dominara, se entregaron a sus emociones y perdieron sus frutos. Hay siempre unos minutos de reflexión antes de tomar las peores decisiones en nuestra vida. Incluso, existe siempre la oportunidad de ponerse a cuentas y con humildad pedir perdón para comenzar de nuevo. Dios nunca desprecia un corazón contrito y humillado.

LA PRIORIDADES
DEL LÍDER

Sin duda alguna, la familia es la base de la sociedad... ¡Gracias a Dios! A pesar de las agendas que en estos tiempos desean destruir su diseño original para la familia y la sociedad, ¡hasta ahora es así! A su vez, el matrimonio es la base de la familia y también es nuestro ministerio más importante. En otras palabras, no hay un líder exitoso si no tiene un buen matrimonio y si no tiene una familia saludable. Ese es el fundamento para todas las demás cosas de la vida.

Dicho sea de paso, y como nota interesante, la lista *Fortune 500*, la cual publica cada año la revista *Fortune* y que presenta las quinientas mayores empresas estadounidenses, destaca que los presidentes ejecutivos más exitosos de las mismas son hombres de una sola mujer que disfrutan de familias saludables. Quiere decir que este concepto esencial de prioridad familiar como fundamento de vida, no es un asunto de «religiosos», sino que aun el mundo secular reconoce esta gran verdad sobre la base de la evidencia.

Me casé con una mujer de Dios extraordinaria. Mildred y yo decidimos casarnos a los veintiún años cuando ya habíamos comenzado nuestro ministerio pastoral. Desde nuestro matrimonio empezamos a fundar y ayudar a otras iglesias dentro de nuestra denominación. Recién casados, y ambos muy comprometidos con Dios, no nos percatamos de cómo nuestros trasfondos familiares iban a influir en nuestro matrimonio.

Yo vengo de un hogar de inconversos, con un papá machista y, encima de eso, militar. Debo aclarar que lo que voy a contar parece un poco fuerte, pero lo saco a la luz solo para que vean cómo Dios transformó a nuestra familia. Mi papá, del cual hablo aquí y en mis otros libros anteriores, se ha convertido en un hombre muy diferente al que describo ahora. Ya ha asumido la responsabilidad respecto a sus faltas y errores, y en estos momentos disfruto de él como nunca antes. Por eso, quiero agradecerle el esfuerzo que ha hecho por cambiar y mejorar su comportamiento por amor de su familia.

Mi ambiente familiar en la infancia era un poco hostil, en el que mi papá, aunque no lo decía, enseñaba con su ejemplo que los hombres éramos como dioses. Así que se comportaba de manera muy autoritaria con mi madre, y ella tenía que sujetársele sin espacio para la participación. Mi padre fue un hombre duro y no era sensible para escuchar. Recuerdo escucharlo ridiculizar a los hombres cariñosos con sus esposas, a esos caballeros amables que siempre honran a su esposa en público y la tratan con amor. Mi papá los llamaba «hombres flojos o *fresitas**».

Nunca olvidaré un día en el que quise abrazar de manera espontánea a mi papá por alguna razón y, en lugar de recibirme, me empujó. Pensé que le había pisado un dedo del pie o algo así, y me asusté; pero para mi sorpresa, me señaló con el dedo diciéndome: «Los machos no abrazan a los machos. ¡Que sea la última vez que me abraces!». No lo podía creer. De niño, esa fue la última vez...

Cuando le entregué mi vida a Cristo, en mi mente tenía muy claro que no debía ser como mi padre, que tenía que cambiar esa cultura familiar en la que crecí. Sin embargo, no tenía idea de cuánto esto me iba a afectar en mi matrimonio.

Mi esposa, por su parte, viene de un hogar matriarcal por completo, donde mi suegra era la dueña y señora, como dicen en mi tierra: «La que reparte el bacalao». Mi suegra es muy amorosa; pero con su cariñito te quiere dominar y te obliga, en cierta forma, a hacer lo que quiere. Como si fuera poco, su hogar era un «imperio de mujeres»; solo tuvo hijas, todas bellas... ¡pero voluntariosas! Ese es el cuadro donde creció mi esposa.

Ahora, pongan ambos escenarios juntos; dos culturas tan diferentes que por eso chocábamos todo el tiempo. Nos amábamos, y nos amamos mucho hasta el día de hoy, pero en ese tiempo nuestra herencia familiar nos traicionaba sin darnos cuenta. Yo no era el hombre que debía ser con ella, y no la hacía feliz.

MI SEGUNDA CONVERSIÓN

Cuando nació mi primera hija, fue que pude entender la magnitud del problema que tenía y las implicaciones de mis actitudes, si no reaccionaba a tiempo. Dios usó a esa bebé recién nacida para hablarme con instrucciones muy precisas. Allí en la sala de partos, cuando el médico me la puso en brazos, le oré al Señor y le dije: «Señor, permite que mi hija te ame, que aprenda a amarte por toda su vida, Señor, es lo único que te pido».

Allí fue que Dios me habló y me dijo: «Tu hija me va a amar en la medida en que tú trates con amor a tu esposa; me va a amar en la medida en que vea a Cristo en ti, en la medida en que vea tu buen comportamiento en casa. De esa forma, aprenderá a amarme». En una fracción de segundo comprendí que el futuro eterno de mi hija estaba en juego; que si no mostraba el comportamiento de Cristo en mi casa, mi hija se perdería cuando tuviera la oportunidad de independizarse.

Ese día comprendí que tenía que convertirme a Cristo de nuevo; siendo ya pastor, un líder, me convertí de nuevo al evangelio. Aunque mi vida había cambiado para bien en muchos aspectos, como esposo era un fracaso. Creía que tener la razón justificaba lo que exigía en mi matrimonio. Sin embargo, ese día supe que nada puede justificar las malas actitudes y la hostilidad al comunicarme. A partir de ese momento, empecé a escudriñar y estudiar las Escrituras, ya no solo para enseñarlas ni preparar predicaciones, sino para aplicarlas a mi vida personal y familiar. Mi entendimiento se abrió para discernir que la predicación podía ser Cristocéntrica y llena de sabiduría bíblica, pero si mi vida no confirmaba mi mensaje, no tenía autoridad.

La Palabra predicada puede compararse a una Perla Preciosa, pero cuando no se vive el mensaje, es una Perla muerta que, sembrada en la tierra, no dará fruto alguno. Cuando se vive lo que se predica, la Perla se convierte en Semilla de alto valor reproductivo. Esa Palabra sí tiene vida para impactar e influir en mucha gente, comenzando con los de la casa.

Ya había aprendido a comportarme como debía en la calle, en la iglesia, con los demás, pero me hacía falta aplicarlo en el aspecto más importante de mi vida. Es necesario entender que la vida familiar del líder es lo más importante para Dios. Es nuestra primera responsabilidad y debe ser también lo más importante para nosotros. Esos aspectos frágiles o inseguros pueden desestabilizar nuestro liderazgo y nuestro ministerio. El saber amar es muy importante para un líder, y el ejercicio más práctico que podemos hacer para crecer en el amor de Dios es aplicar este verso a nuestra propia familia:

Jesús le dijo: Amarás al Señor tu Dios con todo tu corazón, y con toda tu alma, y con toda tu mente. Este es el primero y grande mandamiento. Y el segundo es semejante: Amarás a tu prójimo como a ti mismo.
Mateo 22:37-39

Si nos podemos enfocar en la doctrina principal de Jesús y en la práctica de crecer en el amor por Dios y nuestro prójimo, vamos a necesitar evaluarnos a nosotros mismos. Eso pasó con mi matrimonio. Doy este testimonio dondequiera que voy y he descubierto que no se habla mucho de estas realidades. No todos se atreven a confesar de manera transparente las experiencias vividas. Dios empezó a confrontarme con mi actitud y mi soberbia. Siempre me justificaba en el hecho de que tenía la razón; pero ante la cruda realidad del futuro eterno de mi hija, todo argumento cayó al suelo. Tenía que mostrar a Cristo en mi casa por amor al alma de mis hijos.

MÁS ALLÁ DEL SEXO

La mayoría de los hombres relacionan las manifestaciones de afecto con el sexo. Es algo natural. Sin embargo, muchas mujeres se sienten usadas porque se dan cuenta que, en la cotidianidad, cada vez que el marido se le acerca y le da un beso, la abraza o la toca de alguna manera, es buscando intimidad sexual. En ese sentido, también tuve que cambiar. Es difícil, pues a veces ese roce físico nos conduce a los deseos sexuales. Sin embargo, entendiendo a la mujer, nos damos cuenta de que necesita esas manifestaciones de afecto espontáneas, aun cuando no se trate de la antesala a la intimidad sexual. Eso formaba parte de las estrategias que el Espíritu Santo me dio en esa época de mi vida para restaurar mi relación y permitir que mi esposa se sintiera amada y plena.

Un día, mientras hacia mi devocional en la mañana, el Señor me puso en el corazón que saliera a buscar a mi esposa para darle un cariño espontáneo. Me sentí un poco raro, porque esos gestos románticos se hacen de noche; ¡ya ustedes saben! Aunque salí de mi habitación con esa intención, me detengo para decirle al Señor: «Padre, tú sabes que yo nunca he sido hipócrita. Estas cosas se hacen cuando te nace, cuando fluye en tu corazón. Me siento obligado a hacerlo». El Espíritu Santo me dijo: «No vuelvas a llamar hipocresía lo que Yo llamo obediencia».

Así que, superando el frío olímpico que nos da cuando sabemos que la situación está tensa, me acerqué por detrás de mi esposa cuando estaba en la cocina. Le di un beso en el cuello y le dije al oído un romántico: «Te amo». En seguida me fui de allí para no ver su reacción. Me tiré de rodillas en el cuarto y le dije a Dios: «Te obedecí». Sentí ríos de agua viva corriendo en mi interior. Dios me instó a seguir practicándolo.

Poco después, mi esposa me sorprendió tomándome por un brazo y, mirándome a los ojos, me dijo: «¿Sabes?, sé que estás haciendo un gran esfuerzo, sé que a veces haces cosas que no sientes. ¿Y sabes algo? No me importa que las estés haciendo bajo esfuerzo, porque me estoy enamorando otra vez de ti». Debemos entender que nuestras esposas desean que las amemos, se lo digamos y lo mostremos con acciones.

Por otro lado, para los hombres es muy importante también poder satisfacer los deseos sexuales. Cuando no existe ese balance en el matrimonio, los hombres pueden desbalancearse en su comportamiento, se amargan o frustran... ¡y a veces no entienden por qué!

Esto afecta también el ministerio de muchas formas. Los deberes conyugales que aparecen en el capítulo 5 de la epístola de Pablo a los efesios son instrucciones inspiradas por Dios. Como mencioné antes, les sugiero a mis ministros y líderes que, por favor, el sábado se recojan temprano en casa y pasen tiempo con sus esposas. La actividad sexual libera el estrés y hace que tengamos un bienestar y un ánimo que son muy saludables. Es una condición muy favorable para servirle a Dios, para lidiar con las personas, para poder mostrar el equilibrio de nuestra alma cuando lideramos a otros. Por eso, enfatizo también que las esposas deben entender esto, que deben amar sin restricciones, y aun cuando estén cansadas, complacer a sus maridos, pues de esa manera protegen su matrimonio.

Todo esto forma parte de crecer en amor. Cuando nos dejamos guiar por Dios y cedemos a nuestros deseos para poner los deseos de nuestro cónyuge por delante, crecemos en sabiduría, en amor, y podemos ser transformados hasta alcanzar lo que Dios espera lograr en nosotros. El camino puede que resulte duro a veces, pero de la mano de Dios podemos conquistar la felicidad en nuestro matrimonio.

NO NOS PODEMOS CANSAR

A partir del nacimiento de mi hija, y en obediencia a Dios, comencé una campaña conmigo mismo. Estudiaba la Palabra con más fervor que nunca y, un día, a través de este pasaje entendí en profundidad la importancia del amor:

> *Doy gracias a mi Dios siempre que me acuerdo de vosotros, siempre en todas mis oraciones rogando con gozo por todos vosotros, por vuestra comunión en el evangelio, desde el primer día hasta ahora; estando*

persuadido de esto, que el que comenzó en vosotros la buena obra, la perfeccionará hasta el día de Jesucristo.
Filipenses 1:3-6

Aquí, Pablo está demostrando su alegría por el crecimiento de esta iglesia en el amor. El apóstol la felicita y les dice que ora por ellos constantemente. También dice que está persuadido que el que comenzó en ellos la buena obra, también la perfeccionará. En otras palabras, Pablo ora para que amemos en forma perfecta, que sigamos creciendo en amor y que no nos cansemos.

Hay personas que se conforman con lo que han aprendido y con lo que practican. También se conforman con la cantidad de amor que son capaces de dar y se les olvida que la voluntad de Dios es que amemos sin restricciones. En eso se resume el evangelio: en que amemos a las personas. Esto es más importante para Dios que las doctrinas, que la forma en que nos vestimos y tantas otras cosas a las que les prestamos más atención. Dios está interesado en que le amemos a Él y que amemos a la gente que nos rodea, en especial a nuestro cónyuge, nuestros hijos y nuestros padres. No te canses de hacer el bien, ¡y deja que el amor crezca en tu corazón!

Más adelante, el apóstol Pablo continúa:

Como me es justo sentir esto de todos vosotros, por cuanto os tengo en el corazón; y en mis prisiones, y en la defensa y confirmación del evangelio, todos vosotros sois participantes conmigo de la gracia. Porque Dios me es testigo de cómo os amo a todos vosotros con el entrañable amor de Jesucristo. Y esto pido en oración, que vuestro amor abunde aun más y más en ciencia y en todo conocimiento, para que aprobéis lo mejor, a fin de que seáis sinceros e irreprensibles para el día de Cristo.
Filipenses 1:7-10

En este pasaje bíblico vemos palabras interesantes. Quiero reiterar a propósito lo antes discutido sobre este tema por considerarlo fundamental. En el verso 9 dice que nuestro amor abunde «en ciencia y en todo conocimiento». Como ya expliqué, la palabra «ciencia» significa sabiduría revelada y aplicada. De modo que aquí se nos pide que amemos de una manera sabia, pues Dios nos va a revelar qué hacer en distintas circunstancias donde no sabemos cómo lidiar con nuestros propios sentimientos. Por eso es que el Espíritu Santo nos da la revelación para amar en circunstancias difíciles y con personas específicas en nuestras relaciones. Además, Dios nos va a dar estrategias sabias para que, al aplicarlas, se vean los frutos y se solucionen los conflictos.

En mi caso, casi todo lo que me revela Dios en cuanto a aplicar el amor, me duele, no me nace, no siempre me fluye, porque estamos hablando de un amor que es extremo, que va más allá de la capacidad humana, que sale del corazón de Cristo. Por eso es que Él nos recuerda que tengamos «el mismo sentir los unos para con los otros conforme a Cristo Jesús» (Romanos 15:5, LBLA).

Recuerdo que yo recaía en mis intentos de hacer feliz a mi esposa, de reflejar el carácter de Cristo y darle amor. En momentos en los que explotaba por mi temperamento, sentía que retrocedía. «Señor, ¿qué me pasa? Me estoy esforzando por hacer lo que me dices, pero en ocasiones pierdo la cabeza y exploto cuando no quiero hacerlo». Entonces, Dios me dijo: «Hay dolor en tu corazón por causa de tu papá. Escríbele una carta de amor». Creía que mi papá me ridiculizaría, y después de un año de estar luchando con esa orden de Dios, por fin le escribí esa carta de amor.

Esa carta transformó la vida de mi padre, me llamó y me pidió perdón. Me dijo que me amaba y que fuera a visitarlo. Lo hice, y por primera vez en mi vida recibí un abrazo suyo... ¡un abrazo de mi padre! Nunca lo había hecho hasta ese momento. Recordemos que, para mi padre, los hombres no se abrazaban. Allí se rompió eso. Se dio entre nosotros una reconciliación paternofilial y entramos en una relación de amor extraordinaria.

Eso sanó mi corazón, y me transformó también. Todo lo que tenía guardado en mi corazón que producía en mí esas explosiones y otras actitudes, se desvaneció. Sigo dando mi testimonio cada vez que puedo, porque quiero que sirva para mostrar que aunque sea difícil tomar las acciones que nos dice el Espíritu Santo, vale la pena. Cada vez que en obediencia las pones en práctica, vas a ver el resultado de tu experimento de amor y de igual forma verás sus frutos. Tu dimensión de amor va a crecer aún más, porque has aprendido a amar conforme a ciencia, a practicar lo que Dios te da como estrategia.

EL MATRIMONIO ES UNA IDEA MARAVILLOSA DE DIOS

Vale la pena caminar la milla extra en nuestro matrimonio, pues es la relación más perfecta que existe. Y eso responde a una razón divina. Ante los ojos de Dios, el matrimonio es la relación más importante. Ni siquiera se le iguala el amor de madre. Una madre ama de manera entrañable a su hijo, lo amamanta, pero tienen que quitarle la leche de pecho a cierta edad, pues de lo contrario el bebé le hará daño a la madre.

A los cinco años, sale de la casa para ir a la escuela. A los catorce años, ese hijo ya habla de chicas. Diez años más tarde, le dice a la madre: «Adiós, porque me voy a casar con la mujer más importante de mi vida». Y tan pronto se casa, ya no escucha a la madre como antes, sino que ahora escucha a su mujer. En el mejor de los casos, esto sucede cuando se despegan del cordón umbilical como debe ser.

Por tanto, dejará el hombre a su padre y a su madre, y se unirá a su mujer, y serán una sola carne.
Génesis 2:24

Así lo establece Dios. Ese hijo se une ahora a quien será su compañera de vida.

El matrimonio es la relación perfecta, pues es la que está diseñada y destinada para mantener unidos al hombre y a la mujer para toda la vida, puesto que ni los hermanos ni los amigos permanecen juntos por siempre. Los destinos particulares los separan. Por eso, al mismo tiempo, puede ser que la relación más difícil de llevar sea el matrimonio.

Dios sabe que muchas personas se cansan en los procesos. Por lo tanto, el Espíritu Santo nos ayuda a que podamos crecer en amor, que podamos perdonar y que podamos sentir la compasión por los demás tanto como Cristo se ha compadecido por nosotros.

LA COMPASIÓN

No tenemos problemas en compadecernos de la gente que cae en desgracia. Sin embargo, ser misericordiosos de una manera auténtica significa extenderle esa misericordia a la persona que nos «hace la vida de cuadritos», esa persona que tiene la habilidad de sacar lo peor de ti. Por lo regular, esas personas viven con nosotros en la casa. A veces son quienes se acuestan con nosotros en la misma cama.

Ser misericordioso implica que cuando alguien grita faltándote al respeto, tú callas y no caes en el juego de herirse mutuamente. Una persona misericordiosa es consciente de tus debilidades y por eso te tiene paciencia.

EL PERDÓN

¿Alguna vez has analizado en profundidad el alcance del perdón? El Señor Jesús nos lo muestra en este pasaje:

> *Entonces se le acercó Pedro y le dijo: Señor, ¿cuántas veces perdonaré a mi hermano que peque contra mí? ¿Hasta siete? Jesús le dijo: No te digo hasta siete, sino aun hasta setenta veces siete.*
> Mateo 18:21-22

En el matrimonio, esta cifra podría duplicarse, triplicarse... debemos perdonar a veces toda una vida, porque cometemos errores y la persona más cercana a nosotros los sufre más que nadie.

Uno de los grandes problemas de los creyentes modernos es que han creído que el evangelio es justo conforme a la justicia del mundo. ¿Dónde dice eso en la Biblia? El evangelio no está basado en la justicia, sino que está basado en la misericordia. Muchas de las veces en las que Dios nos manda a amar, a realizar actos de amor, duele. ¡Sí! Duele hacerlo. El verdadero amor duele.

Yo sufrí mucho cuando iba a quejarme delante de Dios para justificar mis actitudes groseras hacia mi esposa. Incluso, me presentaba con una lista enorme. Un día, el Señor me dijo: «Tienes que aprender a amar a tu esposa con misericordia, porque de esa forma es que te amo yo y te soporto a ti». Esas palabras me dieron duro, porque no pensaba que Dios andaba soportándome. Entonces, le dije: «¡No puedo!». ¿Y saben qué me respondió? «Me alegro que lo descubras, nadie puede».

Esta revelación es importante. Nadie puede amar como Dios manda a no ser que entienda que hay que llenarse del Espíritu Santo para ser misericordioso de manera genuina. Esto implica que los religiosos no tienen cabida en el reino de Dios, sino solo los que son auténticos. Por lo tanto, quienes buscan a Dios y una experiencia cercana con el Espíritu Santo, no lo hacen nada más para hablar en lenguas ni por sentir cosquilleos debido a la experiencia en sí. Lo hacen porque saben que lo necesitan y no pueden vivir este evangelio si no es por medio de Él.

LIMPIOS PARA AMAR

Como líderes, vamos a hacerle frente a muchas pruebas en las que van a mermar nuestro amor y nuestra pasión por servir a las personas y pastorearlas. Esto es porque en el camino siempre acumulamos polvo y a veces no nos damos cuenta. La iglesia es como una clínica donde todos vienen con distintas enfermedades y algunas son contagiosas. Los procesos de sanidad interior son individuales, pero muchas veces va a ser necesario guiar a nuestras ovejas a que busquen esos rincones del corazón donde necesitan dejar entrar a Jesús. Todos lo vivimos alguna vez. En cuanto a mí, ya les conté cómo las heridas de mi pasado me impedían tener una relación amorosa en la medida en que Dios lo espera de nosotros, con mi esposa. Por eso, tengamos en cuenta esta enseñanza de Jesús:

Bienaventurados los de limpio corazón, porque ellos verán a Dios.
Mateo 5:8

Hay que definir las palabras de Dios en este pasaje del llamado Sermón del Monte o Las Bienaventuranzas, porque a veces le damos nuestras propias definiciones y no necesariamente son las precisas. En mi caso, pensaba que el «limpio corazón» significaba que se estaba limpio de pecados, tales como los sexuales o las actitudes muy violentas.

Sin embargo, cuando profundicé en el estudio de la evidencia bíblica que habla de lo que es un corazón limpio, descubrí que es un corazón que no se ha contaminado con disensiones, que no guarda enojo, que no se amarga. La persona de corazón limpio no le permite a nadie que la contamine, aunque tenga razones para estar enojada. Entre otras cosas, significa que sin importar lo que me hagan, tengo que buscar la forma de mantener mi corazón libre de contaminación. ¡De eso se trata! Por eso es que en este otro pasaje, que mucha gente no entiende, Dios nos pide que oremos por nuestros enemigos:

Así que, si tu enemigo tuviere hambre, dale de comer; si tuviere sed, dale de beber; pues haciendo esto, ascuas de fuego amontonarás sobre su cabeza.
Romanos 12:20

De esta manera, evitas la contaminación de tu corazón. Cuando en obediencia oras por tus enemigos, el Espíritu Santo de Dios te da la gracia, el favor y la fortaleza. En realidad, te ayuda a mantener tu corazón limpio. Entonces, si tu enemigo no es digno de esa bendición, ascuas de fuego amontonas sobre su cabeza:

No os venguéis vosotros mismos, amados míos, sino dejad lugar a la ira de Dios; porque escrito está: Mía es la venganza, yo pagaré, dice el Señor. Así que, si tu enemigo tuviere hambre, dale de comer; si tuviere sed,

dale de beber; pues haciendo esto, ascuas de fuego amontonarás sobre su
cabeza. No seas vencido de lo malo, sino vence con el bien el mal.
Romanos 12:19-21

EL AMOR A NUESTROS HIJOS

Nuestros hijos crecen y cambian según las diferentes etapas de su desarrollo. De la misma forma, cambian sus necesidades. Es más, las personas adultas cambian cada cinco años. Nadie permanece estático, pues vivimos en un mundo cambiante que nos obliga a renovar nuestros deseos y expectativas. Además, maduramos, de modo que se presentan otras necesidades.

Esto es aún más evidente en el crecimiento de los hijos; sobre todo durante su camino hacia la adultez cuando pasan por ese período a veces indescifrable e incomprensible llamado adolescencia. No importa cuánto amor les demos, parece que siempre adolecen de algo. Sin embargo, a veces nos quedamos atrás porque los seguimos tratando como a niños, dándoles instrucciones todo el tiempo y no tomando en cuenta sus conflictos, que aunque sean tontos para nosotros, para ellos significan mucho. Debemos estar dispuestos a escucharlos.

En una ocasión, mi hijo estaba retraído. Lo vi en un rincón y me le acerqué:

—¿Qué te pasa hijo?

Su respuesta inesperada me dejó en estado de *shock*.

—Papá, no tengo ganas de vivir.

¡No podía creer eso! Mi hijo criado en el evangelio, rodeado de amor... ¿y que me dijera que no tenía ganas de vivir? En segundos, mi corazón se compungió y me quise desesperar, pero me contuve. Necesitaba que se desahogara...

—¿Por qué te sientes así? —le pregunté.

—Porque me siento rechazado.

—No entiendo, hijo, explícame. Haré lo que sea para que no te sientas así.

Después de una pausa, me respondió.

—Porque me critican mucho. Sé que soy eléctrico, que eso les molesta, que todo lo rompo. Yo no quiero ser así, pero no sé qué hacer. Me siento mal y, por eso, no quiero vivir.

Le pedí perdón a mi hijo por haber permitido que lo criticaran tanto. Me reuní con toda la familia; mejor dicho, me reuní con las mujeres de la familia, incluyendo a su hermana, mi hija Frances. Mi hijo era el único varón en ese clan familiar, y ellas no le dejaban pasar ni una. Les hablé con amor, pero con mucha determinación.

«Necesitamos hacer una campaña de amor y afirmación por Rey Francisco; prohibida la crítica. Debemos aceptarlo como es y bendecirlo». Todas decidieron cooperar. Al cabo de dos o tres meses, ya mi hijo se mostraba muy diferente. Ahora, me pregunto, ¿en cuántas familias de pastores, en cuántos hogares cristianos, está sucediendo esto y no nos percatamos? Hay un alto índice de suicidio entre los adolescentes y casi siempre sus padres se sorprenden cuando sucede una tragedia así. No debemos subestimar sus frustraciones.

Si nuestros hijos se atreven a abrir su corazón, debemos valorar lo que sienten, y aunque creamos que se están ahogando en un vaso de agua, consideremos que de verdad... ¡se están ahogando! Por lo tanto, vayamos en su rescate.

La paz y la armonía en el hogar también juegan un papel fundamental en la estabilidad de nuestros hijos, en formar su piso emocional y en darle recursos que lo acompañarán toda la vida. Recuerden, el éxito en el hogar te capacitará para tener éxito en cualquier esfera de tu vida como líder.

En cierta ocasión, recibí a un joven en mi oficina para consejería. Por estadística, la mayoría de las veces en que un adolescente quiere consejería tiene que ver con sus conflictos familiares, con sus padres que no lo entienden, etc. También puede tratarse de una adicción o de un conflicto amoroso. Por eso procedí a preguntarle primero sobre su entorno familiar.

—¿Cómo está la familia? ¿Cómo está todo en casa?

—Bien, pastor. Mami y papi, bien. Todo bien.

—¿Y cómo está tu relación con tu papá?

—Muy bien, pastor. Mi papá y yo somos amigos, pasamos mucho tiempo juntos. Él es muy importante para mí. Tenemos confianza y le cuento todo.

—¡Ah, qué bueno saber eso! Y con tu mamá, ¿cómo es tu relación?

—Mi mamá es muy buena, muy cariñosa, me llena de detalles. Yo la quiero mucho.

Me quedé pensando por un momento en por qué estaba ahí. Así que luego le pregunté:

—Y tú, ¿cómo te sientes?

—Yo estoy muy triste, pastor...

—¿Te pasó algo en la escuela? ¿Estás enamorado?

—No, pastor, es que mamá y papá... nunca los veo abrazarse. No pelean, pero nunca he visto a papá diciéndole a mamá que la ama. Todo es tan frío entre ellos que me produce una gran tristeza y pierdo las ganas de vivir.

A veces, no nos damos cuenta de lo importante que es para los hijos que sus padres se amen. El desamor se nota y afecta a nuestra familia, a nuestros hijos. No importa el amor que les demos a los hijos. Siempre se van a ver afectados por el tipo de relación que tienen sus padres.

ATEMOS EL TESTIMONIO

Como líderes, tenemos una gran responsabilidad de mostrar un buen testimonio. La Biblia habla de esto en muchas ocasiones. También nos habla de enseñarles a nuestros hijos la Palabra de Dios e instruirles en sus caminos.

Ata el testimonio, sella la ley entre mis discípulos. Esperaré, pues, a Jehová, el cual escondió su rostro de la casa de Jacob, y en él confiaré. He aquí, yo y los hijos que me dio Jehová somos por señales y presagios en Israel, de parte de Jehová de los ejércitos, que mora en el monte de Sion.
Isaías 8:16-18

En los tiempos de Isaías, el pueblo había caído en apostasía y la nación vivía a espaldas de Dios. Isaías proclama proféticamente que él, pero sobre todo sus hijos, se convertían en señales y presagios en Israel de parte de Jehová. En otras palabras, en un tiempo donde nadie podía creer que se podía vivir a la altura de los estándares del Dios de Israel, Isaías y sus hijos darían testimonio de lo contrario. Entonces, al probar que sí se puede vivir agradando a Dios, representarían la señal del testimonio para juicio, si no se arrepentían.

En estos tiempos muy similares a los tiempos de Isaías, nos urge poner de nuevo en práctica estos principios, y por eso este pasaje de la Escritura nos muestra que tenemos que atarnos al testimonio bíblico. Incluso, en tiempos como estos debemos entender que lo más importante es vivir la Palabra de Dios que predicarla. Puesto que no solo escasea el mensaje de santidad y pureza, podemos probar que se puede vivir ese estilo de vida en el poder del Espíritu Santo. Las personas de este tiempo tienen comezón de oír cosas nuevas que sean bonitas y alentadoras, por eso es que vemos cómo cobran popularidad los mensajes humanistas, en los que se cita cada vez menos la Palabra de Dios.

Lo único que va a producir cambios en la gente es cuando vean el testimonio de adolescentes y jóvenes que viven estos principios y los aplican. Los hechos no pierden vigencia. Por eso es que siempre que alguien ve el evangelio encarnado en otro, su conciencia recibe ese impacto. Es más, cuando una persona y una familia bendecidas por su obediencia reflejan esos mismos principios que muchas personas piensan que son imposibles de vivir, derriban los argumentos que se levantan en contra del evangelio. Como resultado, las personas van a querer tener lo que tienes, y tus hijos van a entender cuál es la forma en la que Dios quiere que vivamos, así que van a experimentar el respaldo del Altísimo en la familia, lo cual nunca van a olvidar. Nuestra obediencia es un discipulado para nuestros hijos.

En este clamor, el profeta Isaías dice que atemos el testimonio y que sellemos la instrucción entre nuestros discípulos (nuestros hijos). Debemos actuar de modo que nos reproduzcamos en la vida de nuestros hijos, nuestros primeros discípulos. Son ellos los que van a ejercer un impacto en esta generación. Van a impartir esta verdad y se van a reproducir, a su vez, en sus discípulos. Es necesario que lo entendamos, porque el mundo lo necesita. Este último tiempo se reconocerá por una gran señal profética...

> *Y conoceréis que en medio de Israel estoy yo, y que yo soy Jehová vuestro Dios, y no hay otro; y mi pueblo nunca jamás será avergonzado. Y después de esto derramaré mi Espíritu sobre toda carne, y profetizarán vuestros hijos y vuestras hijas; vuestros ancianos soñarán sueños, y vuestros jóvenes verán visiones. Y también sobre los siervos y sobre las siervas derramaré mi Espíritu en aquellos días.*
> Joel 2:27-29

Dios no es un Dios de condenación, sino de salvación, y es necesario formar discípulos y líderes que sean instrumentos en sus manos.

Nota

* *Fresita*: Término usado para referirse a un estereotipo de jóvenes y adultos (cada vez más común), cuya forma de vivir es, o aparenta ser, superficial.

Capítulo 9

LA TRASCENDENCIA
DEL LÍDER

En este libro he querido reunir, junto a mi experiencia de tantos años como pastor, plantando iglesias, formando líderes y creciendo en mi propia relación con Dios, revelaciones y enseñanzas que me han permitido entender la importancia y la gran responsabilidad del liderazgo. Dicha responsabilidad no solo se limita a nuestras funciones presentes, primero en nuestra familia, lo cual vimos en capítulos anteriores, y después en lo que Dios ha puesto en nuestras manos, como son la obra, las ovejas, nuestras enseñanzas. También tenemos la responsabilidad de trascender a través de los años por nuestro legado y por la reproducción de nuestro liderazgo en otras generaciones.

Hace muchos años, se realizó un estudio en el prestigioso Seminario Teológico Fuller, en Pasadena, California. En ese estudio en particular, profesores y estudiantes visitaron todos los lugares de avivamiento que han existido en la tierra, tanto en los sitios bíblicos como en los puntos donde la historia informó una visitación especial de Dios. Estos entrevistaron a los descendientes de los que vivieron los avivamientos más grandes registrados en la historia del cristianismo. El resultado de este estudio llegó a la siguiente conclusión: Ningún avivamiento en el mundo ha trascendido a la cuarta generación. Repito, el testimonio de Cristo desaparece a la cuarta generación. Si en nuestra generación no hacemos algo extraordinario, estaríamos a expensas de los mismos resultados. Si no hacemos algo diferente a lo que hicieron ellos, ¿qué va a pasar? Pensemos, ¿qué sucederá con nuestros nietos?

Analicemos... si nosotros fuésemos la generación del avivamiento, nuestros hijos (la segunda generación) serían los cristianos comprometidos con Dios, pero no tan espirituales ni ungidos. Nuestros nietos serían la tercera generación, la de los «nominales». Por definición, serían cristianos que parecen genuinos, pero no lo son, al mezclar el mundo con el evangelio. Por último, nuestros bisnietos serían la generación de los apóstatas; o sea, los que abiertamente rechazan el evangelio y se rebelan contra la iglesia. ¿No se les enfría la sangre? Esto fue parte del resultado que arrojó el estudio.

Cuando escuché esa estadística, me encontraba en Singapur para un curso intensivo de mes y medio. Entonces, esa anoche vino el profesor y nos informó esto. Sentí que se me quemaba el pecho, pues era un dolor muy grande y difícil de explicar. Pensaba en mi familia, en mi descendencia, y mis lágrimas caían en el escritorio. Salí corriendo por los pasillos llorando a gritos, y cuando ya no podía más, me agarré de una reja y allí me desplomé, pidiéndole al Señor que tuviera misericordia de mis generaciones.

Me pregunté: «¿Por qué un avivamiento no puede continuar hasta que Cristo venga y nos halle despiertos, con las lámparas listas y velando?». Entonces, Dios me respondió: «Si hubieran aplicado esta palabra fiel, los avivamientos hubieran continuado por más de cuatro generaciones». Oré para que Dios me diera las estrategias y el discernimiento para evitar caer en los errores que llevaron a las generaciones antiguas a perder el eslabón que mantendría el avivamiento encendido a través de todas las generaciones.

¡Dios nos ha dado instrucciones específicas en su Palabra! Esa Palabra Fiel a la que Dios se refiere es con la que iniciamos el primer capítulo de este libro:

Palabra fiel: Si alguno anhela obispado, buena obra desea. Pero es necesario que el obispo sea irreprensible, marido de una sola mujer, sobrio, prudente, decoroso, hospedador, apto para enseñar; no dado al vino, no pendenciero, no codicioso de ganancias deshonestas, sino amable, apacible, no avaro; que gobierne bien su casa, que tenga a sus hijos en sujeción con toda honestidad (pues el que no sabe gobernar su propia casa, ¿cómo cuidará de la iglesia de Dios?); no un neófito, no sea que envaneciéndose caiga en la condenación del diablo. También es necesario que tenga buen testimonio de los de afuera, para que no caiga en descrédito y en lazo del diablo.
1 Timoteo 3:1-7

En el primer capítulo, estudiamos estos versos por partes, pero les exhorto a que este pasaje de la Escritura les acompañe todos los días de la vida. Para mí son un norte, una guía y un termómetro que me ayuda a mirarme al espejo y escudriñar mi corazón, a fin de no separarme del líder que Dios espera que sea. Para eso, debemos cuidar nuestro corazón, vivir rendidos a Dios y cuidar del mismo modo a nuestra familia. Justo después de ese orden viene nuestra iglesia, esas personas a quienes Dios puso en nuestras manos para discipular, guiar y amar, pues nos corresponde amar a nuestros discípulos como Jesús amó a los suyos.

Entender la importancia que esas ovejas tienen para Dios, nos puede hacer temblar solo de saber la envergadura de nuestra función como líderes espirituales. Son almas que Dios anhela en su rebaño y, gran parte de que eso suceda, depende de nosotros. Por eso debemos ver en cada uno a un líder potencial, de ahí que nuestra obligación sea prepararlo para que trascienda e impacte a multitudes. Si podemos tener esta visión y permitimos que Dios la haga realidad, haremos de la multiplicación un estilo de liderazgo y podremos alcanzar más personas en el mundo.

MULTIPLICACIÓN Y NO DIVISIÓN

De la misma forma en que como padres debemos educar a nuestros hijos a sabiendas de que un día harán su vida y tomarán sus decisiones, las cuales pueden alejarles físicamente de nosotros, también como líderes debemos estar preparados para que algunos de nuestros discípulos tomen otros rumbos. En ocasiones, seguirán en nuestro ministerio y se multiplicará la obra de nuestra congregación, concilio o denominación. En otras ocasiones, puede que Dios los lleve a distintos lugares, que los ponga en otras plataformas y que hasta los guíe a otros países del mundo. Eso es algo que tenemos que entender.

Dios es el que diseña un plan para cada uno de nosotros, y si oramos, sentiremos la paz de que Él es quien está obrando en la vida de esa persona. Si por el contrario, esa decisión no viene de Dios y no recibimos confirmación de bendecirle en su nuevo rumbo, es obvio que vamos a tener que decírselo en amor y autoridad. Aun así, todavía recaerá en esa persona la decisión y el trato de Dios en su vida. Si su corazón es genuino y sus intenciones puras, Dios le va a conducir por el camino que necesita transitar hasta llegar a ser el líder que Él quiere que sea y según el propósito para el que le creó.

A veces, tenemos que dar un paso atrás y liberar a las personas para que vivan lo que sea necesario. Sin embargo, en todas las ocasiones, debemos «molestarlas». La semilla que sembramos germinará, y aunque existan aires de confusión, Dios va a revelarles la verdad y el camino, lo cual puede que lo haga a través del dolor, pero que en la mayoría de las ocasiones lo hará mediante su gran misericordia. Dios siempre nos sorprende con su paciencia.

Sabemos que todo líder que está listo para discipular a otros, debe haber pasado la prueba de someterse a la autoridad de un líder. Además, debe tener un testimonio de obediencia, de prudencia, y todos los atributos que el apóstol Pablo describe en su primera carta a Timoteo. Cualquiera que sea el caso, debemos evitar sentir resentimiento, no albergar el pensamiento de que le va a ir mal ni que recibirá un escarmiento. Eso contamina nuestro corazón.

Es muy probable que ideas como estas nos crucen por la mente, pues cuando se ha invertido tiempo en una persona para que alcance el propósito de Dios, nos duele verla desviarse o tomar decisiones a destiempo. Eso puede hacer que merme nuestra pasión, pero debemos poner los ojos en el plan perfecto de Dios, en la confianza de que Él hace que todo obre para bien en la vida de los que le aman.

EL MENSAJE QUE TRASCIENDE

Volvamos a la semblanza del líder del que habla el apóstol Pablo, expuesta ahora en el libro de Santiago, que nos exhorta a vivir el evangelio, a ser un reflejo y un testimonio vivo de lo que Cristo ha hecho en nosotros y por nosotros.

> *Pero sed hacedores de la palabra, y no tan solamente oidores, engañándoos a vosotros mismos. Porque si alguno es oidor de la palabra pero no hacedor de ella, éste es semejante al hombre que considera en un espejo su rostro natural. Porque él se considera a sí mismo, y se va, y luego olvida cómo era. Mas el que mira atentamente en la perfecta ley, la de la libertad, y persevera en ella, no siendo oidor olvidadizo, sino hacedor de la obra, éste será bienaventurado en lo que hace. Si alguno se cree religioso entre vosotros, y no refrena su lengua, sino que engaña su corazón, la religión del tal es vana. La religión pura y sin mácula delante de Dios el Padre es esta: Visitar a los huérfanos y a las viudas en sus tribulaciones, y guardarse sin mancha del mundo.*
> Santiago 1:22-27

A partir del verso veintidós y hasta el veinticinco, Dios nos dice que en lugar de vernos a nosotros mismos en nuestros logros, en el espejo de la realidad de la vida, lo cual se desvanece, pongamos mejor los ojos en la verdadera ley, en la espiritual. De esta manera seremos capaces de trascender, de mantenernos en el camino que nos trazó Él, a fin de que cada uno de nosotros sea «hacedor de la obra».

Las obras son importantes, no para salvación, pero sí para mantenernos en el propósito de nuestro Padre celestial como instrumentos útiles. Siempre que practicamos el amor de Dios como un estilo de vida y como una rutina diaria, entonces nos fortalecemos, nos miramos menos a nosotros mismos y nos mantenemos en la sintonía adecuada.

Ahora bien, ¿cuál es la religión pura? El verso 27 nos la muestra:

La religión pura y sin mácula delante de Dios el Padre es esta: Visitar a los huérfanos y a las viudas en sus tribulaciones, y guardarse sin mancha del mundo.

Con estas palabras se nos revela el evangelio sin diluir, sin contaminación del hombre, sin engaño, sin mácula. La definición de esta palabra implica términos como «algo que desdora»; es decir, quitar el oro con que estaba dorado algo. Además, entre sus significados están: Deslustrar, deslucir, mancillar la virtud, reputación o fama. La religión pura y sin mancha es la que nos permite mantenernos firmes en nuestro liderazgo y perpetuar nuestro legado. Esa religión a la que se refiere Santiago también está relacionada con las obras, con las acciones de amor, cuando dice: «Visitar a los huérfanos y a las viudas en sus tribulaciones, y guardarse sin mancha del mundo». En otras palabras, hacer el bien, ser compasivos, practicar misericordia y mantenernos puros, ser y hacer lo que Dios manda, es lo que hace que un líder se mantenga y trascienda.

LÍDERES QUE CRUCIFICAN

Si hemos logrado mantenernos en el buen camino, siendo genuinos, esforzados y haciendo lo que Dios quiere que hagamos, todavía debemos cuidarnos de otro aspecto: El miedo a perder lo que tenemos.

Los que prendieron a Jesús le llevaron al sumo sacerdote Caifás, adonde estaban reunidos los escribas y los ancianos. Mas Pedro le seguía de lejos hasta el patio del sumo sacerdote; y entrando, se sentó con los alguaciles, para ver el fin. Y los principales sacerdotes y los

ancianos y todo el concilio, buscaban falso testimonio contra Jesús, para entregarle a la muerte, y no lo hallaron, aunque muchos testigos falsos se presentaban. Pero al fin vinieron dos testigos falsos, que dijeron: Este dijo: Puedo derribar el templo de Dios, y en tres días reedificarlo. Y levantándose el sumo sacerdote, le dijo: ¿No respondes nada? ¿Qué testifican éstos contra ti? Mas Jesús callaba. Entonces el sumo sacerdote le dijo: Te conjuro por el Dios viviente, que nos digas si eres tú el Cristo, el Hijo de Dios. Jesús le dijo: Tú lo has dicho; y además os digo, que desde ahora veréis al Hijo del Hombre sentado a la diestra del poder de Dios, y viniendo en las nubes del cielo. Entonces el sumo sacerdote rasgó sus vestiduras, diciendo: ¡Ha blasfemado! ¿Qué más necesidad tenemos de testigos? He aquí, ahora mismo habéis oído su blasfemia. ¿Qué os parece? Y respondiendo ellos, dijeron: ¡Es reo de muerte! Entonces le escupieron en el rostro, y le dieron de puñetazos, y otros le abofeteaban, diciendo: Profetízanos, Cristo, quién es el que te golpeó.
Mateo 26:57-68

En esta escena, ¿quiénes son los actores principales? Jesús y los sacerdotes, quienes eran los líderes y representantes de la religión de la cual venía nuestro Señor. ¿Por qué lo condenan? Porque no creían que Él fuera el Mesías. En cambio, si analizamos que todos estos sacerdotes tenían alto poder político y social, lo más probable es que vieran amenazadas sus posiciones, de ahí es que entendamos que había un gran celo.

Los celos, la envidia y el miedo a que les desplazaran enfurecían a los religiosos de la época, y es una explicación que cobra sentido cuando vemos que, hasta la autoridad de los romanos, los bárbaros de la época, estaba dispuesta a liberar a Jesús después de «haberle dado una lección». Como resultado, azotaron a Jesús, a fin de calmar al pueblo judío que, guiado por los sacerdotes, le acusaban con furia de ser un impostor.

Sin embargo, ese castigo no fue suficiente, porque no erradicaba el peligro que significaba para ellos... Lo querían muerto, fuera de la faz de la tierra, para que no siguiera amenazando la estructura de poder en la que disfrutaban el dominio. Tanto fue así, que perseguirían también a sus seguidores. Lo cierto es que estaban aterrorizados de lo que aquel Hombre había logrado en tan poco tiempo.

En todas las esferas de la vida, el amor al poder hace que las personas podamos sentir celos y que lleguemos a caer en grandes pecados. En este pasaje se describe la participación de testigos falsos. Fue una trama bien orquestada para no dejarle posibilidades ni salida a Jesús de Nazaret. Eso no ha cambiado. Salvando la distancia, y sin ánimo de comparar a ningún líder con Jesucristo, lo que quiero es exponer y alertar sobre ese sentimiento egoísta y egocéntrico del ser humano que llega a alimentarse de la fama y el poder. Es más, se aferran a tal punto a la posición en la que se encuentran, que estarían dispuestos a defenderla a costa de lo que sea.

Lo lamentable es que en la iglesia también hay críticos y detractores que crucifican a muchos líderes, solo porque nos atrevemos a romper patrones o porque al verse desplazados, quieren eliminarnos del panorama. Eso no significa que lo hagan, pero hay varias formas de crucificar o apagar a un líder desde una posición de autoridad, o desde cualquier posición, con ataques viciosos para menoscabar la imagen de un líder exitoso. Una de dichas formas es mediante la utilización de un arma muy común, como este mismo libro de Santiago, el cual se describe como un instrumento de destrucción cuando lo gobiernan sentimientos negativos:

He aquí nosotros ponemos freno en la boca de los caballos para que nos obedezcan, y dirigimos así todo su cuerpo. Mirad también las naves; aunque tan grandes, y llevadas de impetuosos vientos, son gobernadas con un muy pequeño timón por donde el que las gobierna quiere. Así también la lengua es un miembro pequeño, pero se jacta de grandes cosas. He aquí, ¡cuán grande bosque enciende un pequeño fuego! He aquí nosotros ponemos freno en la boca de los caballos para que nos obedezcan, y dirigimos así todo su cuerpo. Mirad también las naves; aunque tan grandes, y llevadas de impetuosos vientos, son gobernadas con un muy pequeño timón por donde el que las gobierna quiere. Así

también la lengua es un miembro pequeño, pero se jacta de grandes cosas. He aquí, ¡cuán grande bosque enciende un pequeño fuego!
Santiago 3:3-5

Los celos y la envidia hacen que buenas personas se llenen de tanto resentimiento que se conviertan en piedra de tropiezo para otros hijos de Dios. Yo lo viví en carne propia, y cuento una historia en este libro, donde tuve que olvidarme de mis sentimientos, obedecer a Dios y humillarme para que Él trabajara en el corazón de un buen hombre que le amaba, pero que tenía celos de mi liderazgo. Debemos erradicar los celos de nuestro corazón y enseñar en nuestras congregaciones que el celo es un elemento destructivo que puede romper la línea del legado y evitar que nuestra obra trascienda a futuras generaciones.

FLEXIBLES AL CAMBIO

Antes dije que las personas cambian, al igual que cambian los tiempos. Las expectativas de una persona pueden cambiar, así como sus planes y su visión de las cosas. En los tiempos que vivimos, la sociedad es aún más cambiante, porque el avance en las comunicaciones permite que toda información llegue más rápido, que todo se sepa y que las personas y las cosas se puedan dar a conocer al mundo en segundos. No podemos ser indiferentes a eso y de seguro que para Dios esto no va a ser un problema, pues sus estrategias para salvar a la humanidad, que siempre incluyen a sus hijos como instrumentos, van a tener que ser diferentes a las estrategias que se utilizaron para previas generaciones. Lo importante es que el mensaje del evangelio sea el mismo, pero que quizá se necesiten nuevas formas y estrategias.

Mientras garanticemos la pureza del mensaje, la forma y el lenguaje pueden cambiar, así como los estilos del liderazgo. No podemos crucificar las nuevas tendencias de evangelización o adoración, a menos que cambien la sana doctrina. A mí me crucificaron por eso. Por lo tanto, tuve que correr a la Cruz y escuchar la voz de Dios para mantenerme firme haciendo su voluntad cuando muchos me atormentaban con sus críticas y señalamientos como si estuviera «contaminado».

Sin embargo, en cuanto a la forma, los medios y los recursos, debemos estar dispuestos al cambio y a utilizar la tecnología disponible para poder llegar a más personas de hoy. Podemos ser tradicionales en nuestras iglesias, y a veces es necesario para mantener a nuestra generación conectada, pero no podemos ignorar que existe una generación que no conoció el mundo sin el GPS, sin los buscadores de internet y sin las redes sociales, de modo que eso los hace diferentes.

Lo cierto es que estas nuevas generaciones necesitan formas de comunicación más directas. Los líderes de esta época deben estar presentes en otras plataformas y usar un lenguaje y una apariencia distinta. Debemos dar lugar a estos cambios en la forma, pero no en el contenido de nuestro mensaje. Debemos avanzar con el mismo propósito de trascender, de multiplicarnos, de transmitirles a las nuevas generaciones el mensaje que nos ha dado Dios.

UN LÍDER QUE TRASCIENDE INSPIRA LA PASIÓN POR EL EVANGELIO

En el mundo, muchas personas que adquieren una pasión reciben su inspiración de otros seres humanos. Si escuchas entrevistas de músicos famosos, de artistas de distintas disciplinas y hasta deportistas que han alcanzado grandes logros, de seguro que los vas a escuchar mencionando a personas que, para ellos, han sido un referente. Quienes pintan, por ejemplo, casi siempre tienen una línea o tendencia establecida por grandes pintores que influyen en su estilo. A veces, las hazañas de personas valientes inspiran movimientos que ganan muchos adeptos. Esto se debe a que los seres humanos desean imitar a quienes lograron algo extraordinario, digno de admiración.

Luego de esa inspiración, ese deseo de imitar o conseguir algo parecido empieza a correr por las venas de ese hombre o mujer, lo cual llega a ser una pasión por conquistar lo mismo. Algunos no pueden dormir por el deseo tan intenso de alcanzar ese sueño. Otros se pasan toda la vida en pos de esa meta, invierten sus fuerzas, tiempo y dinero, con el fin de ver realizado ese deseo que se convirtió en su pasión.

Nosotros debemos guiar a las personas a que se apasionen por Jesús. Lo que sucede es que cuando vemos su sacrificio, su amor vehemente por la humanidad, nuestro corazón puede transformarse en un minuto, aunque para algunos puede tomar más tiempo. Sin embargo, ese amor apasionado hasta la muerte de cruz es lo que ha cambiado el destino de muchos. Hoy en día, lo sigue haciendo, y los líderes, como modelos para las personas, deben despertar ese deseo de que les imiten en su pasión por Jesús. El apóstol Pablo, al hacer referencia a la pasión de los que luchan, dijo:

> *Todo aquel que lucha, de todo se abstiene; ellos, a la verdad, para recibir una corona corruptible, pero nosotros, una incorruptible.*
> 1 Corintios 9:25

Esto describe una vida apasionada por alcanzar una meta. En el mundo, esa meta siempre va a ser efímera, pero para nosotros tiene una dimensión de eternidad. Nuestro caminar es un modelo para inspirar a otros a apasionarse por Jesús, por las almas, por la obra. Y lo que nos hace modelos imitables, lo que permite que hagamos hazañas que la gente quiera imitar, es el Espíritu de Dios morando en nosotros, siempre que le permitamos que gobierne nuestra vida y nuestras acciones. Además, debemos permitir que el sentimiento más grande que existe en el mundo sea lo que nos mueva en cada paso que damos. Ese sentimiento intenso se describe en la primera carta a la iglesia de Corinto... ¡y es el amor!

> *El amor nunca deja de ser; pero las profecías se acabarán, y cesarán las lenguas, y la ciencia acabará. Porque en parte conocemos, y en parte profetizamos; mas cuando venga lo perfecto, entonces lo que es en parte se acabará. Cuando yo era niño, hablaba como niño, pensaba como niño, juzgaba como niño; mas cuando ya fui hombre, dejé lo que era*

de niño. Ahora vemos por espejo, oscuramente; mas entonces veremos cara a cara. Ahora conozco en parte; pero entonces conoceré como fui conocido.
1 Corintios 13:8-12

Entonces, seremos capaces de trascender en el legado de una generación que se apasione por alcanzar la meta y no descanse hasta ver el rostro de Dios.

SIN PERDER LA PASIÓN

El llamado de Dios deja una marca permanente en el corazón del líder. Esa marca provoca pasión, produce energía para seguir a pesar del cansancio; engendra tenacidad a pesar de los obstáculos espirituales y los que otras personas nos ponen para que desmayemos o tropecemos, pero no nos deja claudicar. Esa marca ahora forma parte de nuestro ADN, de manera que nos conduce, incluso de manera inconsciente, a servir a otros aun si no hubiera recompensas visibles; esa marca es tan profunda que aunque haya heridas y decepciones, no nos permiten abandonar el arado.

Por amor de Sion no callaré, y por amor de Jerusalén no descansaré, hasta que salga como resplandor su justicia, y su salvación se encienda como una antorcha.
Isaías 62:1

Ahora bien, ¿qué ocurre cuando el dolor de la traición, o del fracaso provocado por quienes te dividieron la obra que con tanto sacrificio y amor levantaste, te daña el corazón? El veneno que deja la calumnia, el rechazo inmerecido, el poco agradecimiento de los más atendidos, la calumnia después de tanto cuidarte por hacer las cosas en el orden apropiado, etc., puede enfermar cualquier corazón sano. Por eso es que las Escrituras nos ruegan que sobre toda cosa guardada, guardemos nuestro corazón (Proverbios 4:23).

La mayoría de los que abandonan el ministerio, lo dejaron por las razones antes descritas. No les niego que los comprendo, porque cuando viví esas experiencias, aun amando lo que hacía, me vi orando, pidiéndole a Dios que me librara de esa carga insoportable, sacando gente de mi camino o sacándome a mí del camino de ella. Cuántas cosas pudiera contarles para ilustrar las tribulaciones y el quebranto que le provocaron a mi persona varios líderes y pastores que una vez fueron mis amigos. Fue tan y tan triste, y el sentimiento de soledad fue tan grande, que en un par de ocasiones deseé no vivir. Le pedí a Dios que me quitara la vida; quería morir, y olvidarme de todo y de todos. Dios guardó silencio, pero eso sí, el Espíritu Santo me hacía sentir que Él estaba allí conmigo para consolarme.

Los líderes no podemos olvidar la función primordial del Espíritu Santo, que es la de consolarnos y recordarnos la Palabra. Cuando permitimos que esto se nos olvide, nos ocasionamos el suicidio espiritual. ¿Por qué? Porque desde el punto de vista humano, es demasiado difícil resistir las injusticias, traiciones, calumnias, murmuraciones, deslealtades y a los infieles, sin olvidarnos de los dardos de fuego que Satanás lanza contra nuestra salud, nuestra integridad, etc.

Los líderes que olvidaron la función de Consolador del Espíritu, perdieron oportunidades de conocer a Dios en otra dimensión. Perdieron oportunidades de conocer su gloria. Perdieron la oportunidad de verlo levantarles los brazos. Los que olvidaron que el Espíritu está para recordarnos la Palabra, perdieron la oportunidad de ser instruidos en la sabiduría profunda y amplia que el Espíritu Santo le da a la Palabra para aplicarla en las circunstancias específicas que vivimos. Esa sabiduría hace que nuestros mensajes cobren una dimensión de poder nunca antes experimentado. El Espíritu nos va a mostrar estrategias y los tiempos para ver la manifestación de su justicia. Eso nos llena de paciencia y nos siembra una sensación de expectación por la gloria de Dios.

Sin embargo, quienes se dejaron dominar por el dolor y permitieron que el veneno de las malas experiencias les contaminara, en el fuego de la prueba olvidaron las consolaciones del Espíritu Santo y los susurros de revelación bíblica que nos hacen sabios en los momentos más críticos. Como resultado, no pudieron permanecer, y el poderoso legado que les iban a dejar a las próximas generaciones, desapareció. Es muy triste, porque el potencial que tenían muchos de esos líderes era impresionante, pero se les olvidó algo fundamental. ¿Qué? ¡Jesús dijo que nunca nos dejaría solos! El Espíritu Santo fue enviado para hacer cumplir esa promesa, pero se les olvidó...

COMIDA SALUDABLE Y DESCANSO

Estas siempre son las recomendaciones que nos dan los médicos, los nutricionistas y todo el que sabe un poco de salud. ¿Qué nos hace pensar que en el mundo espiritual es diferente? Todos experimentaremos cansancio extremo y agotamiento. Por esa razón, Dios implementó un sistema para que podamos llevar mucho fruto en todos los aspectos de la vida: en seis días hizo la creación y, al séptimo, descansó.

La buena alimentación es esencial para ser productivos; mientras que la mala alimentación provoca cansancio, sueño, pereza, agotamiento y poca energía de creatividad. Por lo tanto, todo el que quiera ser productivo, próspero y eficiente en su trabajo ministerial, tiene que entender que es absolutamente necesario que se alimente bien de manera espiritual.

Solo hay una forma para que el ser humano pueda alimentar su espíritu, y esta es mediante la oración diaria y el estudio de las Escrituras. Un líder que carezca de esta disciplina no podrá trascender y se convertirá en una piedra limitante para el crecimiento de la obra debido a la falta de unción. La unción es la que pudre yugos y disuelve ataduras. Por lo tanto, la unción es lo más eficaz contra las asechanzas de Satanás, nuestro principal opositor contra la obra de Dios.

A los que se toman en serio su vida devocional de oración y Biblia, Dios les confía cosas más grandes. En cambio, los líderes que una vez fueron apasionados por Cristo, terminaron frustrados y lo abandonaron todo, pues no pudieron levantar un equipo de servidores en quien delegar parte del trabajo. Es más, se convirtieron en unipersonales y se esforzaron hasta el colapso. De seguro que a estos líderes se les olvidó que las Escrituras enseñan que el Señor de la mies enviará los obreros. Por lo tanto, nos insta a orar, para que Dios cumpla su promesa de enviarlos.

El líder de éxito permite que algunas cosas «fracasen»; en otras palabras, permite que algunas cosas salgan mal, esperando a que Dios provea, pero no ocupan el lugar que no les corresponde. El que es fiel al llamado, también es fiel al lugar que nos concede Dios. Si somos pastores, pastoreemos, pero no dejemos de pastorear por servir como diáconos, o para servir en cualquier función que compita con nuestro llamado a pastorear.

El descanso es una de las disciplinas que más trascendencia le dará a un líder. Sí, eso dije, el descanso logra trascendencia. Un líder exitoso jamás llegará hasta el final si no descansa. Muchos líderes cayeron en una profunda depresión y terminaron aborreciendo lo que amaron tanto, solo porque se les olvidó que Dios trabajó seis días y descansó el séptimo.

No solo es necesario que descansemos cada semana; también será necesario que tengamos períodos sabáticos cada siete años de arduo trabajo ministerial. Yo nunca tuve un período sabático durante cuarenta y seis años de intenso trabajo ministerial, hasta que mi cuerpo comenzó a dar señales de deterioro en diferentes formas. Cuando supimos el nivel de agotamiento y estrés acumulado que diagnosticaron los médicos, los pastores de nuestra iglesia me enviaron a un período sabático de tres meses. ¡Qué rico! Lo hemos disfrutado en gran medida, hemos descansado y dormido como nunca antes. Hemos recuperado mucho. Lo mejor de todo, Dios se encargó de que la obra siguiera adelante, hasta mejor que cuando estábamos nosotros. No hay duda, ¡el Señor es el Pastor de la obra!

Jesús les dijo: Mi comida es que haga la voluntad del que me envió, y que acabe su obra.
Juan 4:34

Este es el lema de todo el que vive apasionado por lo que hace, que vive enamorado y agradecido de Aquel que le concedió el privilegio de servir a los santos en el Cuerpo de Cristo. Esa pasión se tiene que traducir en arduo trabajo, en diligencia, en responsabilidad del buen pastor, no de un asalariado. En ocasiones, el sacrificio será inevitable; pero lo que ofrezcamos a otros tiene que ser de lo que rebosa de nuestras copas. Por eso, insisto en que nos alimentemos bien y descansemos lo suficiente para que haya para nosotros y para todo el que necesite de nosotros. En cambio, si hay para otros y nosotros nos desnutrimos, nos secamos y nos morimos espiritualmente, no lograremos reproducirnos.

LA REPRODUCCIÓN Y LA MULTIPLICACIÓN

La parábola de los talentos es un mensaje muy serio para los llamados a ser líderes en el Reino de Dios, porque Él exige que seamos responsables con los dones y talentos que nos regaló para que fuésemos eficientes y productivos en su obra.

> *Pero llegando también el que había recibido un talento, dijo: Señor, te conocía que eres hombre duro, que siegas donde no sembraste y recoges donde no esparciste; por lo cual tuve miedo, y fui y escondí tu talento en la tierra; aquí tienes lo que es tuyo. Respondiendo su señor, le dijo: Siervo malo y negligente, sabías que siego donde no sembré, y que recojo donde no esparcí. Por tanto, debías haber dado mi dinero a los banqueros, y al venir yo, hubiera recibido lo que es mío con los intereses. Quitadle, pues, el talento, y dadlo al que tiene diez talentos. Porque al que tiene, le será dado, y tendrá más; y al que no tiene, aun lo que tiene le será quitado.*
> Mateo 25:24-29

Dios recompensó a los que recibieron talentos y, al final, mostraron los frutos obtenidos al invertir lo recibido para devolverlo con creces. Sin embargo, fue rudo con el que solo entregó lo que le concedieron. Esto se ajusta a todas las esferas de nuestra vida, ya sea como padres, empresarios o ministros.

Los líderes saludables se reproducen y se multiplican. Al igual que en la naturaleza, todo organismo vivo saludable se reproduce. Por lo que también se espera que cada líder se reproduzca. Del mismo modo que en el mundo biológico la reproducción se da de forma natural, en el mundo espiritual la reproducción también se da de forma natural. Con esto me refiero a que casi sin darnos cuenta comenzamos a ver que surgen hijos espirituales y discípulos que se levantan como producto de nuestro ejemplo. Aun así, de vez en cuando deberíamos preguntarnos cuántos frutos estamos dando en cuanto a reproducción y multiplicación se refiere. Nunca nos debería tomar por sorpresa la triste realidad de que nos estamos desgastando, pero sin ver los discípulos que Él nos llamó a hacer.

Tenemos que hacernos preguntas y hacérselas al Señor, para que Él nos confirme en qué cosas tenemos que trabajar, qué cosas tenemos que calibrar en nuestra vida, en qué aspectos tenemos que hacer balance, a fin de que podamos ser más productivos. Todo esto nos pone en la necesidad constante de buscar, a lo largo del camino, asesores, consejeros, ancianos espirituales y fuentes de educación continua para que nunca caigamos en el *statu quo* de mantener una organización muerta, sin crecimiento, ni salud espiritual para la próxima generación.

Antes de que nuestras iglesias caigan en tal decadencia espiritual, vamos a observar una estabilización. Las estadísticas muestran que las iglesias de avivamiento tienen un ciclo de vida de treinta años. Esto quiere decir que disfrutarán de diez años (como promedio) de crecimiento, diez años de estabilización y diez años de decadencia antes de que comience a colapsar. Todo el que es consciente de estas estadísticas sabe que cuando comience la estabilización, es el tiempo de empezar a preguntarnos qué podemos hacer para darle un nuevo empujón a la obra, para mantenerla relevante ante los nuevos tiempos. Esto significa que no solo necesitaremos ayuda, sino que necesitaremos también poner en «tela de juicio» lo que hemos hecho hasta el momento.

A fin de lograrlo, nos hará falta mucha humildad y sensibilidad para escuchar a personas más jóvenes que nosotros darnos recomendaciones, de modo que logremos mejorar lo que había sido bueno hasta ahora, pero que no necesariamente nos ayudará a alcanzar el próximo nivel de éxito. ¡Huy! ¡Muy difícil! Sin embargo, ten presente que solo los líderes con un corazón saludable podrán dar este salto que los catapulte a trascender hasta el FINAL.

Espero que estos consejos te ayuden a mantenerte renovado, joven en el Señor, y lleno de fuerzas y ánimo para seguir la carrera hasta el final del camino... ¡Dios te bendiga!

Acerca del Autor

El pastor **REY MATOS**, autor de los libros *Señor que mis hijos te amen*, *La mujer, el sello de la creación* y *Cuando el sexo no es suficiente*, es conocido por un mensaje para la familia de los tiempos actuales, basado en principios bíblicos aplicados a la vida común que traen crecimiento y madurez.

Le caracteriza un mensaje práctico y pertinente presentado en una forma muy particular que, entre llanto y risas, confronta al más serio y derrite al más duro con la manifestación del amor y la comprensión de ser el primero que desnuda su corazón delante de sus oyentes.

El pastor Rey y su esposa, Mildred, han fundado varias iglesias en su isla. Sin embargo, en el año 1976, Rey comenzó su carrera en la industria farmacéutica trabajando como microbiólogo. Durante trece años consecutivos continuó en dicha empresa hasta terminar como director de planta. Luego de varios exitosos años, Dios lo llama a trabajar a tiempo completo en el pastorado.

Durante estos años, ha desarrollado eventos de impacto para familias y matrimonios dentro y fuera de Puerto Rico. Entre estos resalta el seminario «Matrimonios a prueba de fuego», el que ha tenido una gran acogida, y otros eventos por todas las Américas y

Europa, dirigido a los temas antes mencionados. Tanto Rey como su esposa Mildred sirvieron como oradores para la organización internacional *Family Life Ministry*.

Por más de veinte años, Rey participó de un programa radial llamado «Vida de casados», el cual se transmitió por Nueva Vida 97.7 FM, una de las emisoras radiales más importantes de Puerto Rico. A través de este programa se logró alcanzar a miles de matrimonios y familias en crisis.

En la actualidad, es el pastor general del Ministerio Cristiano Catacumba 5, en Añasco, Puerto Rico, desde donde aconsejan a pastores e iglesias que se acercan buscándolo como mentor.

El pastor Rey lleva cuarenta y seis años en el pastorado, y cuarenta y uno de casado con su inseparable esposa, Mildred. Juntos tienen dos hijos y cuatro nietos. Sus hijos Frances y Rey Francisco colaboran de manera activa en el ministerio. Su hija trabajó durante cinco años como misionera en República Dominicana junto a su esposo, Edward, y ambos tienen dos hijos. Rey Francisco es Anciano y Pastor Ejecutivo en Catacumba 5, junto a su esposa, Iris Debra, e hijos.

Para más información, puedes escribir a las siguientes direcciones:

Catacumba 5
RR-05 Box 24800
Añasco, PR 00610-8804

Correo electrónico: lacatacumba5@gmail.com

También puedes llamar al (787) 826-7717.